내일을 살게 하소서

Give me Tomorrow

국제PEN한국본부 창립70주년기념 산문선집 17

박지연 수필집

International PEN-Korea Center pen

교음사

국제PEN헌장

국제PEN은 국제PEN대회 결의에 따라 다음과 같이 헌장을 선포한다.

1. 문학은 각 민족과 국가 단위로 이루어지나, 그 자체는 국경을 초월하여 그 어떤 상황 변화 속에서도 국가 간의 상호 교류를 유지해야 한다.
2. 예술 작품은 인간의 보편성에 바탕을 두고 길이 전승되는 재산이므로 국가적 또는 정치적 권력으로부터 간섭을 받아서는 안 된다.
3. 국제PEN은 인류 공영을 위해 최대한의 영향력을 발휘해야 하며 종족, 계급 그리고 민족 간의 갈등을 타파하는 동시에 전 세계 인류가 평화롭게 살아갈 수 있다는 이상을 실현하기 위하여 최선을 다해야 한다.
4. 국제PEN은 한 국가 안에서나 또는 세계 여러 나라에서 사상의 교류가 상호 방해 받지 않는다는 원칙을 준수하며, PEN 회원들은 각자 국가나 지역사회에서 어떤 형태로든 표현의 자유를 억압하는 네 반대할 것을 선언한다. 또한, PEN은 출판 및 언론의 자유를 주창하며 평화시의 부당한 검열을 거부한다. 아울러 PEN은 정치와 경제의 올바른 질서를 지향하기 위해 정부, 행정기관, 제도권에 대한 자유로운 비판이 필수적이고 긴요하다는 사실을 확신한다. 이와 함께 PEN 회원들은 출판 및 언론 자유의 오용을 배격하며, 특정 정치 세력이나 개인의 부당한 목적을 위해 사실을 왜곡하는 언론 자유의 해악을 경계한다.

이러한 목적에 동의하는 모든 자격 있는 작가들, 편집자들, 번역가들은 그들의 국적, 언어, 종족, 피부 색깔 또는 종교에 관계없이 어느 누구라도 PEN 회원이 될 수 있다.

국제PEN한국본부 연혁

국제PEN본부는 1921년에 창립되어 2022년 3월 현재 145개국 154개 센터가 회원으로 가입돼 있는 세계적인 문학단체이다. 국제PEN본부는 영국 런던에 본부를 두고 있으며 특히 UN 인권위원회와 유네스코 자문기구로 현재 전 세계 문인, 번역가, 편집인, 언론인들의 표현의 자유를 옹호하고 인권 문제를 다루고 있는 단체이다.

한국PEN은 1954년 9월 15일 변영로·주요섭·모윤숙·이헌구·김광섭·이무영·백철 선생 등이 발기하여 같은 해 10월 23일 당시 서울 소공동 소재 서울대학교 치과대학 강당에서 창립총회를 열고 국제펜클럽한국본부로 공식 출범하였다. 국제펜클럽한국본부는 그 이듬해인 1955년 6월 비엔나에서 열린 제27차 세계대회에서 정식회원국으로 가입하고 그해 7월에 인준을 받아 오늘에 이르렀으며 2022년 3월 현재 회원 수는 4,000여 명이다.

사)국제PEN한국본부(International PEN Korea Center)는 역사와 권위를 자랑하는 국제적 문학단체로서 회원들의 양심과 소신에 따른 저항권과 표현의 자유를 옹호하고 구속 작가들의 인권문제를 다루며 한국의 우수 문학작품을 번역, 세계 각국에 널리 알리고 우리 민족의 고유문화와 전통문화 등을 해외에 소개하는 한편 세계 각국과 문화 교류 및 친선을 도모하는 데 주도적 역할을 담당하고 있다.

1954. 10. 23.	국제펜클럽한국본부 창립
1955.	제27차 국제PEN비엔나대회에서 회원국 가입
	『The Korean PEN』 영문판 및 불어판 창간
1958.	국내 최초 번역문학상 제정
1964.	PEN 아시아 작가기금 지급(1970년 제6차까지)
1970.	제37차 국제PEN서울대회 개최(60개국 참가)
1975.	『PEN뉴스』 창간. 이후 『PEN문학』으로 제호 변경
1978.	한국PEN문학상 제정
1988.	제52차 국제PEN서울대회 개최
1994.	제1회 국제문학심포지엄 개최
1996.	영문계간지 『KOREAN LITERATURE TODAY』 창간
2001.	전국 각 시도 및 미주 등에 지역위원회 설치
2012. 9.	제78차 국제PEN경주대회 개최
2015. 9.	제1회 세계한글작가대회 개최
2016. 9.	제2회 세계한글작가대회 개최
2017. 9.	제3회 세계한글작가대회 개최
2018. 11. 6~9.	제4회 세계한글작가대회 개최
2018. 8. 22.	정관개정에 의해 국제PEN한국본부로 개명
2019. 2.	PEN번역원 창립
2019. 11. 12~15.	제5회 세계한글작가대회 개최
2020. 10. 20~22.	제6회 세계한글작가대회 개최
2021. 11. 2~4.	제7회 세계한글작가대회 개최
2022. 11. 1~4.	제8회 세계한글작가대회 개최

국제PEN한국본부 창립 70주년 기념 선집을 발간하며

국제PEN한국본부는 1954년에 창립되고 이듬해인 1955년 6월 오스트리아의 빈에서 열린 제27차 국제PEN세계대회에서 회원국으로 가입되었다. 초대 이사장은 변영로 선생이 맡고 창립을 주선했던 모윤숙 시인이 부이사장을 맡았다. 이하윤, 김광섭, 피천득, 이한구 등과 함께 창립의 중심 역할을 했던 주요섭이 사무국장을 맡았다.

6·25한국전쟁이 휴전된 지 겨우 1년이 되는 시점에 이루어 낸 국제PEN한국본부의 창립은 매우 깊은 의미를 담는 거사였다. 그동안 국제PEN한국본부는 세 차례의 국제PEN대회와 8회의 세계한글작가대회를 개최하며 수많은 국내외 행사를 주최해 왔다. 이에 내년 2024년에는 창립 70주년을 맞이하게 되어 그 기념사업의 일환으로 PEN 회원들의 작품 선집을 발간하기로 하였다.

여러 가지 기념사업을 진행하지만 회원들의 주옥같은 작품집을 선집으로 집대성하여 남기는 일은 가장 중요하고 의미 있는 일이라 생각한다.

시와 산문으로 구성되는 선집은 우리 한국문학사의 중요한 족적을 남기는 귀중한 역사 자료로서의 가치를 갖게 되리라고 믿으며 겸허한 마음으로 70주년을 자축하는 주요 사업으로 진행하게 된다.

참여해 주신 회원들께 감사하며 어려운 여건 속에서도 기꺼이 출판을 맡아 준 기획출판 오름 김태웅 대표와 도서출판 교음사 강병욱 대표에게 심심한 감사를 드린다.

2023년 3월

국제PEN한국본부 이사장 김용재

책을 내며

어려운 세계정세 속에

한 해가 저무는 막바지에 그간 쌓인 작품을 출간하려니 만감이 감돈다.

우리는 전쟁 세대다. 아침에 눈 뜨면 포탄으로 죽어가는 영상이 날마다 우리를 우울하게 한다. 특히 올해는 '두 전쟁'으로 지구촌이 상처투성이가 되었다. 우리가 당했던 6·25전쟁이 생각나 전쟁의 참상이 남의 일 같지 않다. 아까운 목숨이 너무 많이 희생되고 침략자의 야욕으로 생활의 터전이 초토되었다.

벌써 추위를 두 번 맞는 피난민을 생각하면 잠이 안 온다. 오늘도 러시아 폭격기가 비 쏟듯 폭격했다. 어떤 이유로도 전쟁은 안 되고 멈춰야 한다. 코로나19 팬데믹에 지친 2~3년이 회복도 되기 전 푸틴의 침공이 지구촌 경제까지 흔들어 놓았다. 자원과 생산의 공급망이 붕괴되어 고물가 고금리 고환율에 모두 어려운데 이슬람 무장단체 하마스의 침공까지 국제사회의 우려 속에도 전쟁은 현실화되어 비극의 참혹함이 이어지고 있다.

이런 전쟁의 촉발로 안보에 불안을 느낀 핀란드 스웨덴 같은 중립국도 군비 경쟁에 가담하고 폴란드뿐 아니라 미국과 중국까지 각국의 재무장이 본격화한다는 소식이다. 참으로 세계의 앞날이 암담하기만 하다.

한 해를 회고한다. 그래도 한 해를 넘기며 우리나라가 우리가 당한 아픔을 상기하며 같이 하려고 어려운 우크라이나의 재건에 애쓰고 있어 보람을 갖는다.

최근에는 잔인한 러시아가 우크라이나 사람들을 말살하려고 묻어 놓은 지뢰 때문에 3분의 1 사람들이 사망하거나 장애인이 되어 큰 피해를 입고 있다. 이를 우리가 장비를 가지고 가 지뢰를 제거해 준다니 2023년 세모에 기쁜 소식이 아닐 수 없다.

생각하면 연초에 발생한 튀르키예 강진으로 많은 인명과 재산 피해가 발생하여 재빨리 달려가 인명을 구하고 피해 마을에 임시주택 1000채와 교육 의료 커뮤니티 시설 등 생활 편의시설을 건설해 2700여 명의 이재민이 편하게 거주하게 했다.

어려운 이웃을 위해 기부하고 헌신하는 것은 너무 잘한 일이다. 국제사회에서도 인정받고 우리가 진 빚에 대한 보답하는 길이다. GDP가 3만 달러를 넘었다 하여 선진국이 되는 게 아니기 때문이다.

세계는 1945년 제2차대전이 끝나고 모두 잃은 것뿐 승자도 패자도 없고 전쟁 후유증에 시달렸다. 그래서 반성했다. 역사는 답이요, 교훈이다. 그러나 전쟁 종식 80년도 안 된 2022년에 러시아의 우크라이나 침공에서 하마스 이스라엘 전쟁까지 또 잘못을 되풀이하고 있다.

그 어느 때보다도 아프고 걱정이 많은 한 해였다. 문학도 알게 모르게 충격을 가져왔다.

이번에 출간할 에세이집은 네 번째다. 앞서 IMF를 지나고 세계금융위기를 겪으며 화폐 이야기 테마로 『1달러의 발견』을 출간했고 세 번째는 아베 일본 전 총리의 횡포에 분노하는 『세계인의 조건』 시사 에세이를 테마로 출간했다. 전직 신문 기자와 방송기자로 일하던 특성상 신문과 월간 시사 금융 등 각종 문예지에 20여 년을 연재로 쓰다 보니 작품이 사장되었다.

하지만 세상이 어수선하고 국제사회는 전쟁을 제지해도 날마다 인명 살상이 예사이고 철없는 북한의 행보는 러시아에 포탄까지 제공했다. 북한은 우리 머리 위에 핵으로 위협한다. 세상이 걱정스럽고 어지러워 이번 출간은 도무지 의욕이 없어 느리고 너무 오래 주춤거렸다. 이 작품이 이 세상에 어떤 도움이 될 것인가, 갈등하는 시간이 길어졌다. 하지만 후손에게 알려야 하고 깨달은 것을 전해야 한다는 일념에는 변화가 없었다.

국제PEN한국본부는 6·25전쟁, 정전협정 다음 해인 1954년에 어려움 속에서 창립되었다. 마침 새해 2024년에는 창립 70주년을 맞아 기념 출간의 길을 열어 주셨다. 김용재 이사장님과 임원들에게 감사의 인사를 올린다.

수필문학사의 강병욱 사장님과 류진 편집국장님의 노고에도 깊은 감사를 드린다.

2024년 3월 저자 **박지연**

차례

2. 강 건너 불구경

3. 랜드마크

4. 4월의 봄날

5. 설레던 그 시절

1

Give me tomorrow

Give me tomorrow

"나에게 희망을 주세요. 나는 살아서 가족에게 돌아가고 싶어요."

내일이 기약 없는 절망 상태에서 부르짖는다. 죽음이 다가오고 있다. 언제 어디서 날아올지 모르는 총탄이 빗발치는 전장에서 두고 온 가족에게 돌아갈 수 있을까. 애태우고 있다.

6·25 한국전쟁 73주년을 맞는 우리 마음도 아프다. 우리는 하루도 잊은 적이 없는 전쟁 세대다. 미군을 위시한 유엔군이 아니었으면 지금 어찌 됐을까. 아찔하다. 우리를 도운 외국 병사들은 이름도 들어본 적 없는 낯선 나라에 실려 와 적의 총탄 앞에 언제 죽을지 모르는 희망이 보이지 않는 시간을 오직 적과 싸운 사람들이다.

영하 40도에 손이 얼어 총알이 당겨지지 않은 추위 속에서 잠시 총소리가 멎으면 하얗게 눈 덮인 산골짜기에 엎디어 수시로 깊이 기도하는 흑인 병사에게 녹음기를 내밀어 기도 제목을 물었다. 자신도 총알이 어디서 날아올지 모르는 죽음을 무릅쓰고 취재하는 종군기자는 병사의 절실한 게 무엇일까 궁금했다. 병사는 지친 목소리로 대답했다.

"Give me tomorrow!"

그는 내일을 살고 싶었다. 그들은 자기를 기다리는 아버지와 어머니 그리고 아내와 어린아이가 있다. 나라의 부름으로 찾아온 미군 병사, 유엔군 병사들이 한결같이 순간순간마다 희망을 꿈꾸며 하나님께 부르짖는 기도였다. 그들의 간절한 기도로 그 많은 희생을 내고 초토화된 이 강산에 다시 봄이 찾아왔고 우리는 지금 2023년 대한민국을 반듯하게 건설해 세계를 놀라게 하며 감사하고 있다.

이 소중한 가치를 지닌 대한민국을 전복하려고 지금도 북한은 탄도 미사일로 우리를 겨냥해 공포심을 조장하며 위협하는 나날이다. 김정은 그가 전쟁의 참혹상을 보기나 했을까, 전쟁이 얼마나 무서운 비극을 초래한다는 것을 알기나 할까. 한국전쟁 난 지 73년이 되었지만 현재 우리 사회의 주역으로 활동하는 젊은 층이나 중년층은 전쟁이 인류를 말살하는 얼마나 처참한 것인가를 잘 모르고 있다. 전쟁을 체험하고 전쟁의 참혹함을 아는 세대는 점점 세상을 떠나간다. 떠나기 전에 부지런히 후손에게 알려야 한다.

그러나 우리 젊은이들이 조국을 철통같이 지키는 이 마당에 혼자 국토방위를 외면하는 특별한 사람도 있다. 또 북한의 핵 위협이 고조되자 공직자의 아들로부터 일반 국민들까지 국적을 포기하는 사람이 증가하는 추세를 볼 때마다 6·25전쟁 때 희생된 병사들에게 너무나 미안한 생각이 더 짙어진다.

1953년 제34대 미국 대통령으로 당선된 아이젠하워, 그는 당선자 신분으로 위험한 최전선을 마다하지 않고 대통령으로는 최초로 현장의 목소리를 듣기 위해 한국전선에 왔다. 그는 제2차 세계대전 당시 연합군 최고사령관이었던 5성 장군답게 전선을 누비며 현황을 파악했다.

밴플리트 장군이 보고를 했을 때 아이젠하워 대통령 당선자는 아들의 소식을 물었다. 그는 자기 아들이 어느 전선에서 근무하는지도 몰랐다. "중부 전선에 대대장으로 근무 중"이라고 말했을 때 "대통령의 아들이 포로가 되어 적의 흥정거리가 되면 작전에 차질이 생기니 다른 곳으로 이동하라"는 명령을 내렸다.

웨스트 포인트 출신인 제임스 A 밴플리트 대장은 한국전이 한창인 1951년 4월 미 8군 사령관으로 부임하여 연합군을 이끌며 혁혁한 공을 세운 대장이다. 그의 사랑하는 외아들 짐 밴플리트 공군 중위는 전폭기 조종사로 한국전에서 싸우다 산화했다. 참으로 우리의 정서로는 남의 나라 전선에 아들까지 참전시켜 희생해야 했을까, 하는 생각이지만 미국인들은 나라의 부름에 충성하는 게 애국심이라 믿는다. 6·25전쟁 당시 유엔의 고위 지휘관과 그 아들들이 동시에 참전하여 피를 흘린 경우가 많았다. 휴전 당시 유엔군 사령관 마크 클라크(Mark W Clark) 대장의 외아들 마크 빌 클라크(Mark Bill Clark) 육군 대위도 중대장으로 전투 중 부상으로 결국 세상을 떠났다. 이처럼 고위직 자제들이 142명이 참전했고 35명이 사망했다는 사실을 알기나 할까. 남의 나라에서 일어난 전쟁에 참전하여 외아들을 잃은 사실을 우리는 두고두고 잊지 말아야 한다. 아무리 생각해도 아픈 대목이다. 부자가 전선을 지키다 산화했다.

그 외 한국전에서 실종되고 산화한 공군 조종사의 눈물 나는 이야기 등 다 쓸 수 없는 아픈 이야기가 많다. 전투를 하다가 전우가 전사하면 다른 전우는 공황상태에 빠져 다시 싸울 수 없을 때 서로서로 달래며 싸우던 일, 전사한 전우의 죽음을 기록하는 침착한 전우도 있었다. 이때 전쟁 소식을 세계에 타전하는 공을 세운 많은 종군기자도 적의 총탄에 희생되었다.

아프리카의 에티오피아군은 6000여 명이 참전해 122명이 전사했다. 정치 경제가 어려워 삶이 파탄에 빠진 그 나라. 전쟁이 멈춘 지 73년이 되었지만 그들은 한국을 위해 다시 참전할 것이라고 에티오피아를 방문한 우리들에게 말한다.

우리는 그 은혜를 자자손손 절대로 잊지 말아야 한다.

우리의 강토는 성한 데가 없이 치열한 전투로 망가졌다. 1953년 7월 27일 정전협정까지 한반도는 전쟁터로 절체절명의 위기였다. 정부는 2013년 이날을 '유엔군 참전의 날'로 제정했다. 오늘 7월 27일, 우리는 휴전이라는 사실을 잊고 사는 것은 아닌지.

내일의 희망을 잃고 이 땅에서 희생된 외국인 장병들에게 너무나 미안하다.

눈 쌓인 전선에서 죽음을 무릅쓰고 절절히 기도하는 흑인 병사가 눈에 선하다.

"Give me tomorrow." 지금도 내 귓가에 간절한 기도 소리가 맴돌고 있어 마음이 아프다.

2017. 7.『시사금융』

Come back home

꿈에 그리던 아버지의 소식이 왔다.

한국전쟁은 남의 나라 미국 젊은이의 가정도 파괴시켜 가장은 전사한 지 68년이 지난 후에야 넋으로 고국 미국에 돌아왔다.

1950년 6·25전쟁에 참전했던 아버지의 인식표를 찾았다는 미 국방부 산하 전쟁포로, 실종자 확인국의 소식이 전해지자 그의 아들들은 주저앉아 울었다.

그의 아버지의 녹슬고 구멍 난 목걸이에 'McDaniel, Charles H(찰스 H, 맥대니얼) RA17000585'라는 이름과 군번이 또렷이 적혀 있는 인식표가 68년 만에 2018년 고국과 그가 남긴 가족의 품에 돌아왔다.

어린 두세 살짜리 형제 래리, 맥대니얼과 찰스, 맥대니얼 주니어를 두고 젊은 아빠는 조국의 부름에 이름도 모르는 한국 땅 전쟁터에서 산화했다. 어린 두 아들은 전쟁에 아빠를 빼앗기고 그들도 벌써 70살, 71살의 노년이 되어 평생 그리던 아버지 대신 그의 흔적인 인식표를 버지니아 한 호텔에서 건네받았다.

이는 지난 6·12 미·북 싱가포르의 합의 사항의 하나로 2018년 7월 27일 정전 65년 만에 55구의 유해 송환으로 UN기에 싸여 북한 원산 갈마 비행장을 떠나 오산 공군기지를 거쳐 다시 성조기에 덮여 미국으로 떠났다. 미국에서는 '영웅들의 귀환'이라며 관례에 따라 펜스 부통령이 하와이 히캄 공군기지에서 그들을 맞았다. 6·25전쟁에서 실종된 미국 가족들은 실오라기만 한 희망으로 유해 송환의 소식을 그렇게 기다렸다.

도대체 국군과 미군을 위시한 유엔의 젊은이들 수만 명이 목숨을 잃고 이 나라 강산을 초토화시킨 이 엄청난 전쟁은 누가 일으켰는가. 해방의 기쁨도 잠시 1945년 12월 미·소·영 3개국 외무장관은 모스코바에 모여 38선으로 갈라진 남북을 각각 신탁통치 한다고 결정했으나 국민들은 도저히 받아들일 수 없어 "신탁통치 절대 반대"를 연일 외치자 미·소의 공동회담도 실패, 미국은 포기하고 한반도 문제를 UN에 이관했다.

1947년 11월 14일 UN 위원단이 입국 1948년 5월 10일 남한의 총선을 거쳐 1948년 8월 15일 대한민국이 수립되고 북한은 김일성을 추대한 조선인민공화국을 세웠다.

1949년 6월 29일 주한 미군은 7만여 명의 군대와 탱크, 비행기 한 대도 남기지 않고 철수했다. 바로 소련은 북한에게 전차와 중화기를 물려주고 전쟁을 할 수 있는 전비(戰費)까지 차관을 빙

자해 제공하고 전쟁 작전계획까지 세워 주며 북한을 부추겼다.

북한은 '이때다.' 적화통일의 야욕에 1950년 6월 25일 일요일 편히 잠자는 새벽 4시 38선 전역에서 '폭풍'이라는 공격명령으로 남침했다. 북한군은 소련제 탱크 242대와 170여 대의 전투기를 포함 200여 대의 비행기를 갖고 병력은 무려 20만 명이 넘는 군사력에 우리 국군은 탱크와 전투기는 전무 상태이고 단 20여 대의 훈련용 연습기가 전부였다.

국군은 1950년 6월 24일 비상 경계령을 해제해 농촌 모내기를 도우려 2주간 사병에게 특별휴가를 주었다. 주말이라 대부분 외출 상태였다. 새벽에 기습공격으로 한반도에 전쟁이 발발하자 미국 트루먼 대통령은 직권으로 맥아더 연합군 사령관에게 권한을 부여하고 미국은 UN 안보리를 발 빠르게 소집, 미국을 위시한 16개국이 참전을 결정했다.

7월 7일 미군을 중심으로 UN군 사령부가 형성될 때 전선은 벌써 낙동강 전선에 치닫고 있었다. 그러나 9월 15일 인천 상륙작전이 성공해 서울을 탈환하고 국군과 UN군은 38선을 회복하자 북진을 지시하고 UN군도 분단을 해소한다는 기조로 북진, 10월 10일 원산을 점령, 평양까지 미 제1군단과 국군 제2군단의 공이 혁혁했다. 추수감사절까지는 전쟁을 종료시킬 기대에 차 통일이 눈앞에 다가오는 듯했다. 그러나 10월 1일 전선이 무너지자 김일성은 마오쩌둥(모택동)에게 지원을 요청, 중공은 동북 변방군을 '항미원조 보가위국(抗美援助 保家衛國)'이라는 명분으로 전쟁에 뛰어들어 첫 전투는 10월 25일 청천강 일대에서 벌어졌다. 아군은 중공군이 투입된 사실을 모르는 채 야간 기습에 최전선의 국군 제2군단이 궤멸되고 38선까지 밀렸다.

위장술과 야간 기습으로 산에 연기를 피워 항공정찰을 방해하고 밤에는 꽹과리와 나팔로 공포심을 조성해 인해전술로 습격해 2만여 명의 전사자가 서부전선에서 나왔다. 반면 1950년 10월 원산에 상륙한 영국 해병특공대는 수훈을 세웠다. 맥아더 장군의 명령하에 압록강을 향해 진격하다 장진호 북쪽에서 중공군에 포위되어 전력 손실을 낸 장진호 혈투는 가장 처절한 전투였다. 영하 30도의 혹한 속에 굶주리고 목은 타고 몸을 숨길 참호를 파며 "잠들면 죽는다" 했지만 절로 눈이 감겨 동사하고 나머지 병사는 절뚝거리며 험한 능선 겨울 산을 뚫고 흥남으로 처참하게 철수했다.

이렇게 희생된 유엔군과 국군이 이름 모를 산에 우리를 위해 희생된 채 골짜기에 잠들어 있다. 찰스, 맥대니얼 병사처럼 하루빨리 영혼이라도 고향의 가족 품에 돌아와야 한다.

미국과 UN의 젊은이의 희생에 미안하고 고마운 마음 가눌길 없다. 전쟁을 부추긴 소련도 통일을 막은 중국도 잊어선 안 된다. 아직도 5300여 구의 영혼이 압록강 언저리, 청천강에서, 장진호 깊은 계곡에서 그들의 원한이 사무쳐 맴돈다. 고국의 품으로 돌아와야 한다. Come back home!

미국 워싱턴 한국전쟁 추모비에 쓰인 글을 되새긴다.

Freedom is not free. 자유는 결코 거저 얻어지지 않는다.

2019. 6. 『계간문예』 상상탐구

히긴스의 기자정신

우리가 기억해야 할 인천 상륙작전에 종군기자 히긴스(Marguerite Higgins)도 있었다. 270여 명의 종군기자들이 전쟁터를 종횡무진 누볐던 그때 전설 같은 유일한 여성 종군기자였다. 미국 뉴욕 헤럴드 트리뷴지의 기자인 그는 전쟁의 실상을 실시간 본사에 송고해 세계에 타전되었다.

히긴스 기자는 미국이 아직 참전을 선언하기 전 6월 27일 일본 도쿄에서 김포로 날아와 취재하기 시작했다. 일요일 새벽 기습 공격한 북한, 미국은 유엔 안보리를 발 빠르게 소집하고 트루먼(Harry Truman) 미국 대통령은 직권으로 맥아더(Douglas MacAthur) 연합군 사령관에게 지상군을 투입할 것을 명령하고 안보리는 유엔 16개국의 참전을 결의했다. 미 태평양 사령관 맥아더 장군은 4일째 되는 날 한국에 날아와 전선 현황을 시찰한 후 도쿄에 돌아가려고 비행장에 도착했을 때 활주로에 앉아 기사를 쓰고 있는 히긴스를 발견하고 깜짝 놀라게 했지만 덕분에 히긴스는 도쿄행 비행기를 얻어 타고 가면서 '지상군이 파병될 것'이라는 특종을 얻어내기도 했다.

전쟁이 터진 지 80일, 전선은 낙동강 방어선을 제외하고 전 국토가 적의 수중에 들어갔다. 맥아더 장군은 인천 상륙작전을 계획했다. 그러나 미국 합동참모본부 장성들은 인천 상륙작전은 무모한 짓이라며 반대했다. 그는 이미 한강 방어선을 시찰한 바 있어 나온 계획이었다. 그러나 미 해군은 조수 간만의 차가 크고 접안 지역이 좁아 잘못하면 시가전까지 해야 하는 최악의 조건이며 성공률은 5000대 1밖에 안 된다고 강하게 반대했다.

그러나 맥아더는 이러한 난점이 오히려 적의 허점을 찌르는 것이라며 이들을 설득해 8월 28일 최종 승인을 얻어냈다. 상륙일을 9월 15일로 정한 것은 조수 간만의 차가 가장 작은 시기이고 야간 상륙에는 함대를 유도할 등대 불빛이 필요했다. 바로 앞 팔미도를 전략상 요충지로 삼고 켈로(KLO)부대 최정예 6명에게 "9월 15일 0시를 기해 팔미도 등대에 불을 밝혀라."라는 명령이 떨어졌다. 이들은 어민으로 위장하고 9월 14일 저녁 팔미도에 잠입 섬을 지키던 북한군을 해치우고 등대를 점령한 시간은 밤 11시 30분, 하지만 등대의 벨브가 없어 천신만고 끝에 불을 밝힌 것은 9월 15일 오전 1시 45분, 예정보다 늦었다. 하지만 초조하게 기다리던 마운트 매킨저호는 맥아더 장군의 명령에 발진함으로 상륙을 성공시켰다. 덕분에 서울을 수복하고 북한의 병참

선을 끊어 전세를 완전히 뒤바꿔 놓았다.

인천 상륙작전에는 함정 260여 척, 7만여 명의 병력이 동원되어 히긴스 기자도 다섯 번째 상륙정에 미군들과 같이 유탄과 기관총이 빗발치는 전투현장을 뚫고 상륙현장을 써 내려갔다. 그녀는 언제나 최전선을 취재했으나 미국 본사에서는 복귀 명령을 내렸다. 하지만 히긴스는 이를 어기며 화약 냄새가 묻어나는 기사를 보냈다. 한번은 금발의 미군병사가 목표를 조준하려고 풀밭에서 머리를 드는 순간 적의 탱크에서 날아온 총에 맞아 쓰러지는 장면을 평택 전선에서 목격했다. 미국병사 최초의 희생자 기사에 미국에서는 '캐네스 새드락'에게 '명예의 훈장'을 수여하며 애통해 하였다.

30세의 우아하고 매력적인 히긴스는 맥아더, 이승만 대통령, 중공군 포로까지 두루 인터뷰를 했다. 그는 라이프(Life) 잡지의 표지 인물로 특집까지 실렸다. 1951년 그는 귀국해 『한국에서의 전쟁(War in Korea)』이라는 책을 내고 여성으로서는 최초의 퓰리처상을 받았다. 그는 책에서 한국전의 실상과 미국의 한국전 참전의 가치를 역설했다. 수많은 무용담과 일화, 자유민주주의의 가치, 국가 존립의 이유, 국가 간의 동맹 등 그간의 특종을 낚아 낸 기사들을 감수성 넘치는 언어와 소설보다 재미있는 필치로 엮은 책이 나오자마자 베스트 셀러가 되었다. 유명해진 히긴스는 미국 전역을 돌며 전쟁의 경험을 알리고 "한국을 도와야 하고 한국은 반드시 이겨야 하며 미국은 자부심을 가져야 한다."라고 미국 젊은이들의 지원을 호소했다. 그의 노고에 기념 우표도 나왔다. 전쟁으로 초토화된 우리를 대신해 죽음을 무릅쓰고 세계 여론에 호소했던 히긴스의 헌신적인 기자정신에 나는 감복하며 흠뻑 빠졌다.

그는 1920년 홍콩에서 태어나 24년간 기자로서 베트남과 콩고 등 전쟁터를 누비다 베트남에서 얻은 열대병으로 1966년 45세의 아까운 나이에 요절했다.

미국인을 설득한 히긴스. 히긴스는 한미동맹의 상징이 되었다. 군인도 아닌 그를 미국 정부가 알링턴 국립묘지에 안장한 이유다. 존 F 케네디 대통령의 묘에서 50m 떨어진 곳에 누워있다.

2005년 워싱턴에 있는 한국문화원에서는 제60주년 광복기념일에 재미 음악가가 그녀를 위해 특별히 작곡한 '히긴스의 눈에 비친 한국'이란 음악을 케네디 센터에서 처음 연주하며 그를 기렸다. 2010년 9월에는 늦게나마 외교통상부에서 추서하는 외교훈장 '흥인장'을 받기 위해 그의 딸 린다 밴더블릭 박사가 손자와 함께 내한했다. '나보다 남을 먼저 위할 줄 알아야 한다' '자유란 거저 주어지는 게 아니며 한국인은 자유를 얻을 권리가 있다'라고 딸은 그의 어머니의 가르침을 전했다.

딸은 어머니의 뒤를 이어 기자로 활동하다 상담 심리학 관련 일을 하고 있다. 오랫동안 잊힌 이 위대한 일을 해낸 맥아더 장군, 히긴스 기자가 다시 영화로 재현됨이 벅차고 기쁘다. 6·25를 상기하며 우리를 위해 불꽃처럼 살다간 그들을 우리는 절대 잊어서는 안 된다. 그들이 너무 고맙고 더욱 그리워진다.

2018. 10.『펜문학』

이웃 나라의 경제 보복

2019년 7월 1일 아베 총리의 오만한 처사 그대로 우리는 경제 보복을 당했다.

우리는 "NO, NO, JAPAN"을 외치며 거리에 쏟아져 나왔다.

"독립운동은 못 했어도 일본 상품 불매운동은 한다." 나라를 걱정하는 어느 애국시민이 개설한 사이트의 이름을 따 피켓을 들고 "NO, 아베, NO, JAPAN"을 외치며 전국 곳곳에서 들불처럼 퍼진 시위. 일본 상품을 배척하는 불매운동이 한창이었다.

그 사이 코로나19의 습격으로 이를 극복하느라 2년이 훌쩍 지났다.

일본은 이웃 나라를 침범해 벌인 갖가지 많은 범죄에 대해 한 번도 잘못을 시인하지 않은 나라다. 위안부 합의 취소와 강제 징용과 관련한 대법원 판결을 핑계 삼아 아베 총리는 경제 보복을 가하고도 정당하다는 궤변을 늘어놓았다.

그간 한국 전자산업이 일본을 2006년에 제쳐 세계에서 1위의 자리를 굳건히 지키고 반도체와 디스플레이도 쾌속으로 질주하는 한국기업에 일본은 위기감에 사로잡혀 반도체 생산에 쓰이는 핵심 소재 불화수소 포토레지스트 등 3가지 품목을 꼭 집어 수출규제로 내놓았다.

아베 총리는 그해 6월 28일과 29일 오사카에서 열린 G20 정상회의 폐막식에서 "자유롭고 공정하며 차별 없는 무역 투자 환경을 실현하고 열린 시장을 위해 노력할 것이다"라고 의장국으로서 공동선언을 강조했다. 그랬던 그가 바로 다음 날 반대되는 규제를 가한 것은 의장국의 신뢰를 저버린 처사다. 이틀 만에 기습적인 규제조치로 삼성전자와 SK하이닉스 등 반도체 생산업체는 당황했다.

하지만 일본산 소재를 대체하느라 고군분투하고 제품개발에 매진한 덕분에 초고순도 불화수소가 양산에 들어갔고 포토레지스트도 국산화가 진행 중이다. 우리 기업들은 1년도 안 되어 국산화 하는데 동기부여가 되었다. 코로나의 어려움 속에서도 미국과 중국 그 외 다변화로 생산을 멈추지 않고 이어갔다. 이는 정부나 기업이 오직 일본에 굴복하지 않으려는 절박한 위기의식으로 의기투합해 소재 부품 장비를 자립 생산하려고 적극적으로 대처해 오히려 전화위복이 되었다.

이웃에게 경제 보복을 행하는 것은 비열한 행위다. 중국은 마늘 파동 때도 사드 때도 경제 보복카드를 써 우리 기업들이 그 많은 피해를 감수하고 고통을 당했던 기억이 너무도 생생하다. 중국은 이런 수법을 상시적으로 쓰는 나라다. 중국의 보복은 이에 그치지 않고 2010년 노르웨이 노벨위원회에서 중국의 인권운동가 류샤오보를 노벨평화상 수상자로 선정하자 이번에는 노르웨이 연어 생산지역에 분풀이를 했다. 노르웨이 연어 수출 70%를 줄였던 기억도 너무나 환하다. 또 2010년 센카쿠 열도 문제로 일본과 마찰이 거세지자 중국은 일본에 희토류를 수출 금지시켰다. 일본도 대체물질을 만들어야 하고 아프리카까지 희토류를 찾느라 고생했다. 이런 수법이 국가 간 무역에서 얼마나 불공정한 것인지 알만할 텐데 일본은 당한 만큼 배웠을까.

정치 갈등의 수단으로 경제 보복이 동원되는 건 오래전부터 뿌리가 깊다. 유럽을 제패한 나폴레옹도 1806년 대륙봉쇄령을 내렸다. 영국 상선이 유럽에 못 들어오게 하려는 칙령이었다. 나폴레옹은 경제 보복카드를 마구 휘두르다 오히려 자신의 몰락을 앞당겼다. 당시 유럽은 영국에 곡물을 수출하고 영국산 공산품이나 설탕 커피 차 같은 해외 식민지 제품을 수입했었다. 나폴레옹은 영국에 곡물 수출을 끊으면 영국이 못 버틸 줄 알았다. 그러나 영국은 식민지에서 물자를 조달해 나폴레옹의 보복을 피해 나갔다. 유럽봉쇄로 유럽경제가 오히려 봉쇄를 당하고 이를 푼 러시아에 보복하려고 원정에 나갔다가 결국 패하고 말았다. 보복카드를 함부로 난발하다 스스로 자멸하는 나폴레옹을 보며 우리는 역사에서 배웠다.

일본이 경제 보복을 했지만 한국의 불매운동으로 유니클로가 바닥을 치고 맥주나 닛산 자동차는 철수했다. 일본은 오히려 관광 등 일본 산업이 피해를 입었다. 일본이 쏜 화살에 한국은 죽지 않고 그 화살을 뽑아 다시 던졌다. 택배기사들까지 유니클로는 배송하지 않겠다는 결의가 있는 나라를 너무 가볍게 본 아베의 전략 실패이다.

현재는 글로벌 분업으로 생산한다. 이는 영국의 산업혁명에서부터 성공시킨 그 분업이 이제 여기까지 발전시켜 왔다. 각국의 장점을 살려 각각 만들어 한 상품의 완성도를 높여 온 게 현대 산업을 이끌고 있다. 그러나 요즘 미·중 갈등으로 글로벌 분업이 와해될까, 우려되는 상황인데 이런 와중에 일본은 공정한 무역질서를 해치는 시대정신을 못 읽는 후진 행위를 자행했다.

이 때문에 WTO는 국가 간 자유무역 촉진을 위해 정치적 외교적 갈등을 경제와 교역보복에 연계하는 조치를 기본정신 위배로 간주한다고 했다. 이런 현장이 무색하다.

일본은 제2 제3의 카드를 만지작거린다니 심히 우려스럽다. 일본은 디테일한 소재·부품·장비 강국이다. 그의 비밀은 과학 분야 노벨상만도 24개를 받은 나라다. 장인정신이 기반이 되어 "사소한 것도 천하제일"이라는 정신이 소·부·장 강국으로 만들었다. 일본은 설립 100년이 넘은 기업이 3만 3259개에 달하고 200년 된 기업은 3146개로 전 세계의 절반 이상을 차지한다. 정치 갈등을 수출규제로 보복한 아베 정권의 자신감은 이 같은 든

든한 기업 인프라가 자리했기 때문이라고 본다. 무엇보다 무서운 것은 성공에 취하지 않는 장인정신이다. 노벨상 수상자 나카무라 슈지는 1993년 청색 LED를 혼자 힘으로 발견해 노벨상을 수상하고도 중소기업의 샐러리맨으로 자신의 자리를 지키며 연구에 정진한다. 우리는 이 같은 일본의 장점을 배워 더 분발해 일본의 의존도를 점점 줄이고 기술 입국으로 세계시장을 바라보며 우뚝 서야 한다.

이런 일본은 한국을 상대로 오랫동안 엄청난 무역흑자를 낸 나라다. "한국을 적으로 만들어 정치적으로 이용하고 있다."는 일본 지식인들의 비판의 소리에 귀를 기울여 일본은 무역질서를 해치는 경제 보복을 당장 철회해야 한다.

이제까지 세계의 자유무역 질서 속에 한·일 관계도 잘 이어왔듯 대한민국은 일본의 적이 아니고 서로서로 윈윈하는 이웃으로 같이 나가야 한다.

2020. 9.『수필문학』연간대표선집

세계인의 이웃

멀게만 느껴졌던 세계가 글로벌화 되면서 지구촌으로 세계인은 가까운 이웃이 되었지만 지난 세기는 이웃이 바로 적이 되어 불공평한 침략의 시대를 야기하면서 힘들게 지냈다.

한반도의 해안은 시도 때도 없이 출몰하는 왜구들 때문에 어민과 농민은 약탈에 시달렸다. 끝내는 임진왜란을 일으키고 북진야욕으로 한반도를 발판 삼아 청일전쟁 러일전쟁, 중일전쟁을 일으켜 급기야는 조선을 합방하는 늑약을 체결했다. 우리 민족은 이웃 왜구의 침략으로 고통받으며 긴 세월을 허송했다.

일본 교토의 우토로 마을에는 일제강점기 때 군 비행장 건설을 위해 동원된 한국인 1300여 명이 거주했던 곳이다. 지금은 150여 명이 기본 시설도 없는 열악한 곳에서 겨우 살아가고 있다.

1947년 식민지 출신을 "외국인으로 간주한다."는 일본 왕 히로히토의 칙령으로 그때까지 일본 국적자였던 재일 한국인은 졸지에 한국인도 일본인도 아닌 '조선인'이라는 무국자로 전락했다. 광복된 지 78년이 지난 지금까지 보상은 고사하고 무국적자라는 이유로 취직 등 기본적인 사회 안전망에서도 배제됐다. 그러나 그 땅 소유주인 일본 부동산회사는 퇴거명령으로 1년 후에는 그 마을에서 쫓겨날 처지여서 삶의 터전과 그들의 유산도 사라질 위기에 놓였나. 이곳도 일본에세 동원된 후손들의 참혹상을 일본은 그대로 방치하고 있다. 조국을 등진 민족은 귀국지 못하고 비참한 생활고에 시달리다 사망했고 러시아 중국 중앙아시아 등지에서 흩어져 열악한 생활에서 떠돌고 있다.

괴롭히는 적은 멀리 있지 않다. 1940년 4월 러시아의 서부 스몰렌스크 인근 카틴 숲에서는 스타린의 비밀경찰들이 포로수용소에 잡힌 4000여 명의 폴란드 장교들과 애국시민 정치가 수만 명을 끌어다 총살했다. 2010년 4월 총성이 울린 지 70년 만에 추모하기 위해 폴란드의 대통령 국회의장 많은 정부 요인 96명이 탑승한 폴란드 항공기는 스몰렌스크 인근 카틴 숲의 나무에 걸려 추락하고 말았다. 또다시 항공 사상 유례없는 비극을 초래했다. 러시아와 이웃한 폴란드도 늘 러시아에 그렇게 시달렸다. 폴란드의 비극을 현재 그대로 보았다. 러시아의 잔학성이 지금까지도 이웃을 못살게 괴롭히고 있다. 바로 우크라이나를 지난 세기 그렇게 핍박 살상하고도 지금도 불법 침략 전쟁 중에 나라가 망가져 기약이 없는 나날이다.

잉글랜드의 바로 이웃인 아일랜드도 12세기부터 수없는 침략으로 시달리다 결국 1801년에 합병되고 1922년에 독립했다. 120년간 식민지로 점령당해 수탈을 당하고 감자 전염병으로 100만 명이 대기근으로 아사했다. 200만 명이 미국으로 살기 위해 흩어졌다. 유럽 변방의 가난한 나라가 세계의 우수 기업을 유치해 날로 경제를 일으켜 부러워하는 나라가 되었다. 아일랜드 사람들은 유능하고 부지런하여 영국 GDP의 두 배로 1만 2천 달러의 부자 나라가 되었다. 그러나 아직 북아일랜드는 영국의 그늘에서 지금도 반환하지 않고 있다.

2015년 9월 지구촌 가족 모두를 눈물짓게 한 사건이 있었다. 그날 새벽 터키 남서부 해변에서 세 살 된 시리아 아이가 숨진 채 엎디어 있는 것을 발견했다. 빨간 티셔츠에 파란색 바지 차림의 아기는 잠자는 듯했다. 부모와 형, 가족이 그리스의 섬으로 넘어가려던 중 배가 뒤집혀 그 해변까지 떠밀려 온 것이다. 멀지 않는 곳에서 엄마와 형의 시신을 발견한 아빠는 "더 이상 살아야 할 이유가 없다"고 통곡했다. 시리아의 내전은 5년이나 계속되어 살 수 없어 피난 나와 이 곤경에 빠진 난민을 유럽 여러 나라가 분산 수용하지만 끝도 없는 불행은 이어진다. 이번에 독일의 메르켈 총리의 특별한 역사 인식이 주효했던 것이다.

사실 독일도 300년 전 이런 비극에 처해 있었다. 신성 로마제국(962-1806)에 이어 15세기 전후에는 사실상 오스트리아 합스부르크 왕가의 손에 들어갔다. 독립 제후 공국들로 흩어져 개신교와 가톨릭 진영으로 나눈 '30년 전쟁'(1618-1648)은 독일 인구 3

분의 2를 희생시켰고 1648년 끝났다. 농토는 황무지로 변했고 치안도 불안했다. 30년 전쟁의 용병들은 불량자로 변해 옛 독일인은 그곳에서 살 수 없어 죽음을 무릅쓰고 대서양을 건너 미국으로 이주해 저먼타운(Germantown)을 만들었다. 미국으로 이주한 그들은 종교적 정치적 자유를 얻고 새로운 삶이 시작되었고, 19세기까지 약 800만 명에 이르렀다.

독일이 시리아 난민에게 국경을 열고 100만 명을 수용하는 것은 경제적 특별한 이유도 있지만 300년 전 그들의 처지를 재인식하고 인도적으로 그들도 우리의 이웃이라는 인식이었을 것이다. 세계의 도처에서 내전으로 난민은 속출한다. 예멘의 아이들도 총탄을 피하기 어려워 "땅에 묻지 말라"는 아이의 절규를 들으며 기어코 땅에 묻어야 하는 비극이 날마다 일어난다.

지난 세기는 이루 헤아릴 수 없는 이웃을 침략하여 패권주의에 희생된 나라가 한둘이 아니다. 이러한 크고 작은 전쟁으로 급기야는 제1·2차 세계대전으로 비화되고 승산 없는 비극을 보았다. 승자도 패자도 모두 참혹한 전쟁의 상흔만 남아 이 때문에 인류는 삶의 질이 떨어지고 경제적으로 엄청난 파탄에 세계인은 눈을 번쩍 떴다.

싸우지 않고 모두 잘 살 수는 없을까.

세계인의 공통의 가치관 안에서 세계는 모두 이웃이라는 것을 깨닫고 유엔을 창설하고 국제 평화와 안보를 유지하며 인류의 진보와 번영을 목적으로 출범했다.

하지만 한 개인의 영달을 위해 동족을 살상하고 박해하여 또 다른 난민이 속출한다. IS라는 이름 아래 파리 테러, 터키 방글라데시 이라크 등 테러를 일삼고 북한의 인권유린도 고발되어 있어 죽음의 탈출이 이어지고 있다. 21세기의 최고의 재앙은 세계적으로 6000만 명에 달하는 난민을 구해야 하는 일이 되었다.

21세기는 이미 세계의 모든 시민이 하나가 된 세계인이다. 인터넷으로 문화적 종교적 경제적으로 벽이 무너지고 하나가 된 세계인. 세계인의 최고의 희망은 모두가 행복할 수 있는 시대정신이라고 외친다. 그러나 인류가 하나 된 이상은 실현할 수 없는 화두일까. 날마다 지구촌 각지에서 사건 사고가 끊이질 않고 러시아의 침공으로 우크라이나의 국토도 초토화되고 국민이 사망과 피난으로 사람의 생활을 잃고 사투하고 있다.

당장 이런 교훈을 보고도 하마스는 이스라엘을 침공하고, 그 대가로 가자지구를 보복 발포하는 이 악순환을 끝내야 한다. 우리가 살길은 전쟁은 끝내고 모두 평화 속에서 살아가기를 간절히 기원한다. 세계는 같은 지구촌에서 살면서 강대국이 야망으로 약소국을 침략하는 버릇을 던져야 한다. 이웃사촌이란 말이 국가 간에서는 무색하다. 제각각 스스로 나라를 지켜 감히 이웃을 넘보지 않도록 자각해야 한다.

2023. 10.『시사금융』(박지연의 칼럼)

파렴치(破廉恥)

지난 3월 한국이 선제적 결단으로 성사된 한일 정상의 만남에서 일본의 호응은 필수적이다. 하지만 기시다 후미오 총리는 겨우 "유감이다. 김대중-오부치 선언을 계승한다"라고만 했을 뿐 윤 대통령 앞에서 '통렬한 반성'은 하지 않았다. 일본의 지방 선거를 감안한다 해도 여론조차 호의적이지 않았다.

기시다 총리의 계승한다는 그 선언문이 궁금하다.

1998년 10월 김대중 대통령과 오부치 총리는 21세기의 새로운 '한일 파트너십 공동 선언' 합의문을 발표하고 부속 문서까지 채택했다. 내용이 알고 싶다.

양국 간 대화 채널 확충, 국제평화 안전협력, 경제 분야 협력 관계 강화, 범세계적 문제협력 강화, 국민교류 문화교류 증진 등 5개 분야에 협력 방안이 명시돼 있지만 후임 총리 아베는 도발적 행보만 걸었다.

2019년 강제 징용에 관한 대법원의 판결을 두고 아베 전 총리는 경제 보복을 가했다. 그해 6월 29일과 30일 오사카에서 열린 G20 정상회의 폐막식에서 "자유롭고 공정하며 차별 없는 무역 투자 환경을 실천하고 열린 시장을 위해 노력할 것이다"라고 의장국 자격으로 강조했던 그가 다음 날 7월 1일 우리의 생명 같은 반도체의 핵심 소재, 부품, 장비를 꼭 집어 수출 금지시켰다.

벌써 잊었는가. "NO, JAPAN. NO, 아베!"를 외치며 거리에 쏟아져 나온 인파. 이런 일본을 성토했지만 미래를 위해 큰 걸음을 뗀 우리에게 외무성 발언과 언론의 부정적 기사는 조금도 변한 게 없다.

독일 메르켈 전 총리의 말이 너무나 적중했다. "일본은 20세기의 끔찍한 일을 책임지며 자기 뉘우침이 없어 개탄스럽다. 만일 독일이 일본과 같은 파렴치한 행동을 했다면 프랑스를 비롯한 유럽의 어느 나라도 독일을 인정하지 않았을 것이다"라고 했고 친일 인사인 슈미트 전 총리까지 "일본은 역사 공부를 하라"고 충고했다.

바로 파렴치다. 부끄러움을 알지 못한 처사다. 똑같은 제2차 세계대전의 패전국인데 이렇게 다른 길을 오래 걷고 있을까.

독일의 아데나워 초대 총리는 재임 14년 동안 아무도 반기지 않는 프랑스 파리를 26번이나 방문해 사과하고 드골 대통령 별장까지 찾아 진정성을 수없이 보였다. 서신 왕래도 셀 수 없이 나누며 그 두껍던 불신의 벽을 깨고 한 단계씩 신뢰를 쌓았다.

아데나워는 전후 독일을 누구도 믿지 않는다는 것을 알고 있었다. 나치의 이미지로는 유럽의 일원으로 인정받기 어렵다는 것을 너무 잘 알고 있기 때문이었다.

협상 과정에서 드골 대통령의 여러 가지 요구사항에 독일 국민조차 반대를 했지만 이를 무릅쓰고 모두 수용해 종전 18년만인 1963년 적대관계를 청산하고 협력 강화하는 '엘리제 조약'을 체결했다. 이 노련한 두 정치가는 유럽을 한 단계 올려놓는 데 수훈을 세웠다. 실로 사과는 피해자가 '그만하라'고 할 때까지 해야 한다는 진수를 보였다. 독일은 지금도 대통령 총리 정치인 역사학자까지 학생과 국민에게 독일의 과오를 잊지 말라고 가르친다. 우리가 이런 빌리 브란트 전 총리를 존경하는 이유다.

그러나 한일 회담 후 바로 역사를 왜곡한 초등학교 교과서 문제가 나왔다. 일본은 청일전쟁과 중일전쟁에서 빼앗은 센카쿠 열도를 자기 것이라 우기듯 강점기에 빼앗은 독도를 자기 것이라 한다. 어린 소녀는 공부시켜 준다는 말에 속아 끌려와 잠 못 자고 굶주리며 혹사당해 평생 그 멍에로 불행했고 31년째 외로운 싸움을 하고 있는데 책임져야 할 피고 기업 미쓰비시는 한 마디의 위로와 반성도 없이 왜 침묵하는가.

"강제징용이 아니다"라는 말에 반증할 일본인의 시가 있다.

일본의 평론가이자 시인이며 메이지학원대학(明治學院大學)에서 '일본근대문학(近代文學)'을 가르쳤던 미츠다 이쿠오(滿田郎夫:1937-) 교수는 일본의 아나키즘(Anarchism)운동을 했던 오노 도자부로(小

野十三郎:1903-1996)가 쓴 시집 『대해변(大海邊)』(홍문사 1947년 출간)에서 강제 동원된 조선인에 대한 시 15편을 찾아냈다. 이를 번역작가이며 일본 근대문학을 전공한 한국외대 류리수 박사가 입수해 계간지 『착각의 시학』 24호, 2019년 봄호에 소개한 바 있다.

탈주자

오노 도자부로

부산을 향해/ 달려가는 열차의/ 변소 유리창을 두드려 깨부숴
죽음을 각오하고/ 마치 다이빙하듯이/ 오직 한 가지
일본 본토 땅을 밟지 않기만을/ 바랐던 자도 있었다더라

오노씨는 시모노세키에 끌려 온 조선인들을 오사카의 군수 공장에 데려다 관리 감독하는 지도원이었다. 대부분 일본 관리인은 악독했으나 오노씨는 일본 제국주의를 계급투쟁으로 정복시켜야 한다는 프롤레타리아 시인으로 그는 조선 노동자에게 연대의식을 가졌을 것이라고 미츠다 교수는 평하며 이 시는 심야의 기차 안에서 나눈 대화 중 하나로 강제 징용된 이야기를 시로 남긴 흔하지 않는 작품이라고 평했다. 죽어도 일본 땅을 밟기 싫은데 강제징용이 아니라는 외무성은 답해야 한다.

오늘 하야시 요시마사 일본 외무상은 국무회의에 국제외교활동을 기록한 외교청서를 내놓았다. DJ-오부치 계승은 쏙 빼고 독도 영유권만 주장했다. 마이동풍 우이독경(馬耳東風 牛耳讀經)이

다. 강제노동 수정 조약을 비준한 독일·폴란드는 강제 동원한 노동자들, 강제수용소 수용자들, 전쟁포로 등에 대한 배상법을 통과시킨 것은 이미 2000년 8월 12일이다.

일본은 염치없는 행동은 치우고 피해자가 내민 선린외교에 호응해라. 수치(羞恥)를 목숨처럼 여긴다는 일본이 부끄러움을 차리고 잘못된 역사관을 챙겨라.

"일본은 사죄해야 한다"라고 외치던 일본의 양심 노벨문학상의 오에 겐자부로까지 타계해 우리는 우군을 잃었다. 분노를 삭이려는 우리에게 일본은 국격(國格)을 보일 때다.

2023. 7.『계간문예』여름호

NO WAR, STOP PUTIN

러시아의 무자비한 미사일 폭격으로 방송국, 병원, 산업시설 등 우크라이나의 인프라가 화염에 싸여 불탄다. 평화로운 아파트가 와르르 무너지는 참상을 눈 뜨고 보고 있다. 6·25 때 우리가 당했던 처참했던 모습과 같다. 나는 끓어오르는 분노로 다른 글을 도저히 쓸 수가 없다.

UN의 안보리 상임 이사국인 러시아는 UN 헌장과 국제법을 명백히 위반한 만행이다. 우크라이나의 주권과 영토의 보존과 독립은 반드시 보장되어야 함에도 러시아는 돈바스에 마치 평화군을 보내는 것처럼 위장하고 우크라이나를 초토화시키고 있다.

졸지에 사람들은 죽어간다. 자원봉사자 미국인은 자기 차로 국경을 여러 차례 넘나들며 아이들을 피난시킨다. 마치 나치의 폭압을 피해 유대인들의 탈출을 도왔던 영화 「쉰들러 리스트」처럼 생사의 기로에서 구출 작전을 펼치고 있다. 젊은 아빠는 사랑하는 딸을 안고 얼마를 울다가 전쟁터에 나간다. 외신과 인터뷰하던 할머니는 말을 잇지 못하고 울어버린다. 저토록 아름다운 여인들이 아기를 안고 짐을 지고 가는 처참한 모습을 차마 못 보겠다. 누가 이들을 고통에 몰아놓고 핏줄을 갈라놓는가. 가방 하나를 끌고 가는 그들이 어디서 얼마를 살아 버티겠는가. 피난도 못 간 대부분 사람은 거우 지하철 대합실에서 날아오는 포탄을 피해 피신한다. 아무 죄도 없이 일상을 망가뜨리고 공포에 떨며 쏟아지는 러시아의 불 폭탄을 왜 당해야 하는가.

"푸틴은 당장 총질을 멈춰라. 살상을 그만 멈춰라." 나는 외친다.

우크라이나 국민들의 73%의 지지를 얻고 당선된 볼로디미르 젤렌스키 대통령은 2019년 취임식 연설에서 자신의 소명을 이렇게 밝혔다. "나는 평생 우크라이나인들에게 웃음을 주고자 했다. 이제 나는 우크라이나인들에게 최소한 울지 않도록 모든 것을 다 할 것이다." 그때만 해도 어디 이런 전쟁이 날 줄 알았겠는가.

그리고 3년이 지난 지금, 러시아는 20만 명에 육박하는 군사력으로 우크라이나를 침공해 "우크라이나의 대통령은 도망갔다"라는 가짜 뉴스로 국민들 사기를 떨어뜨린다. 대통령은 포탄이 쏟아지는 키이우의 한복판에 서서 스스로 동영상을 보내며 국민들에게 "나는 여기 있다. 우리는 여기서 함께 싸우며 나라를 지킬 것이다"라고 외치며 항전을 재촉한다. 대통령은 미국의 피신 권고에도 "내가 필요한 것은 피신이 아니라 키이우를 지킬 탄약이 필요하다"고 호소한다. 러시아의 첫 타깃이 대통령인데 대통령은 최후까지 시민과 함께 키이우를 지킨다는 강한 의지를 보내며 국민들의 저항을 독려한다. 시민들도 보드카를 땅에 쏟아붓고 화염병을 만들어 결사항전을 한다.

얼마 전 아프가니스탄의 나약한 모습이 상기된다. 미국에서 군수 장비를 무려 10조 원이 넘게 지원을 받고도 미군 철수의 발표가 있자 텔레반에 항복하고 대통령은 해외로 도망친 일이다. 첨단 장비를 버리고 흩어진 이런 나약한 국민을 그 누가 돕겠는가. 우리는 우크라이나의 강한 의지를 비교해 본다.

우크라이나를 돕기 위해 유럽 여기저기에서 많이 지원하고 포탄으로 상처받은 아이들을 위해 지원금도 쏟아진다. 우리 대기업과 개인도 많은 후원금을 보낸다. 여러 나라에서 무기를 보내고 피난민들을 받겠다는 나라도 많다. 마치 6·25 당시 16개국이 전장을 같이 지키고 많은 후원으로 살아난 우리처럼 그 힘이 얼마나 절실한가.

우크라이나는 철석같이 믿은 게 있다. 1994년에 구소련이 우크라이나에 남긴 1800개의 핵탄두를 러시아로 넘긴 대신 미국, 영국, 러시아 3개국은 우크라이나의 안보와 경제를 지원한다는 '부다페스트 양해각서'를 썼다. 지금 그 종이 한 장의 배신에 떨지만 자국 안보는 스스로 강해야 지켜진다는 엄연한 교훈을 얻는다.

1240년대에 러시아 벨라루스 우크라이나 3국으로 갈라져 나왔지만 그간 곡절의 역사를 지나 300년 전부터는 러시아의 영향권에 들어 러시아 일부처럼 시달려 온 나라다. 마치 한국이 중국의 일부라고 궤변을 떠는 중국과 같다. 1922년 소비에트연방에 편입되면서 나라 없는 설움 속에 뼈아프게 독립을 갈망했지만 1968년 체코의 민주화 운동을 탱크로 짓밟은 러시아를 똑똑히 보았다. 1991년 소련의 해체 이후 이러한 아픈 역사 속에 안보의 불안을 늘 느낀 대통령은 NATO(북대서양 조약기구)와 유럽연합에 가입하려 하자 러시아는 이를 저지하기 위해 무력침공을 강행했다.

"우크라이나에 영광을!" 그의 정신, 하나로 뭉치는 이 한목소리. 전투복을 입고 참호를 누비는 대통령, 악기 대신 소총을 든 음악가도 어린아이를 안은 할머니도 마이크 대신 소총을 든 국회의원도 바로 "우크라이나에 열광을" 외친다. 약소국, 이 나라에 민족의식을 일깨우고 저항의 불길을 지핀 것은 사상가이며 국민시인 타라스 셰우첸코(1814-1861) 시의 한 구절이다. 셰우첸코가 남긴 250여 편의 시는 우크라이나의 애국가이며 국가 신조이고 이상향이자, 예언서다. 그는 제정 러시아의 압제 속에서 러시아어 대신 우크라이나어로 시를 썼다. 나라 없는 시절 모국어의 뿌리로 만족 자존과 독립의 꿈을 키웠다. 일제 강점기에 모국어로 시를 쓰며 민족혼을 지킨 윤동주와 닮아 그는 우크라이나의 윤동주라 불린다.

이러한 시인을 사랑하고 전쟁 중에도 무릎을 꿇고 기도하는 믿음의 우크라이나 병사들이 있는 한 지구촌도 승리를 위해 기도에 동참할 것이다. 우크라이나의 형편을 바라보면 마치 바람 앞에 촛불처럼 위태위태하다. 하지만 그들의 불굴의 정신, 이 어려운 고비를 넘어야 또다시 침공을 당하지 않는다. 우크라이나여 힘내라. 우리가 응원한다.

러시아는 멈춰라, 전쟁을 당장 멈춰라, 푸틴!

2022. 4.『수필문학』권두수필

팬데믹 시대의 공존

올해 노벨 생리의학상은 코로나 팬데믹 극복에 기여한 미국 과학자들에게 수여했다. 인류를 위해 개발한 백신으로 무섭게 떨던 우리를 살려냈다. 코로나19의 죽음 앞에서 정말 모두 사투를 했는데도 이제 깜박 잊고 산다. 과거에 사스, 메르스를 이겨낸 우리지만 '코로나19' 바이러스는 무증상으로 몰래 침투해 기존의 시스템을 졸지에 뒤흔들고 모두 무섭게 멈춰 세웠다.

아픈 대구에 의병은 대구로 대구로

중국이 2020년 1월, 2월 날마다 무섭게 환자가 늘어날 때만해도 우한 코로나로 그칠 줄 알았다. 그러나 설을 지나고 중국에서 오가는 사이 바이러스는 어느덧 우리를 공격해 왔다. 2월 18일 31번째 환자가 대구 신천지 교인이 되었다. 교인들을 감염으로 덜덜 떨었다. 확진자에게 시선이 집중되자 정작 교인들이 숨어버려 이를 찾는데 총력을 기울이는 사태가 되었다. 날마다 수백 명씩 확진자가 나와 3일 만에 9336명 검진에 1243명을 격리시키면서 시작된 대구는 큰일이 났다. 무섭게 퍼져 요양원에서, 정신병원에서, 교회에서, 집단 거주지에서 불어나는 환자에 비해 의료진도 병원도 병실도 턱없이 부족해 대구는 정신을 못 차릴 정도로 이제까지 있어 본 적이 없는 확진자와 사망자가 늘어나 비상이 걸렸다.

대구에만 맡길 일이 아니었다. 정부는 대구에 컨트럴 타워를 만들고 정세균 총리가 급기야 대구로 내려가 상주하며 진두지휘하고 권영진 대구시장도 날마다 상황을 보고하며 밤을 지새우는 긴급사태가 벌어졌다. 쉴새 없이 불어나는 환자와 숨어버린 신천지 교인을 찾아내는 일은 정말 캄캄한 길을 홀로 헤매는 형상이었다. 그래도 찾아내야 한다. 그러나 그들은 점점 꽁꽁 숨어 나오려 하지 않아 방역 당국을 애태우게 했다.

"사랑하는 의사 동료 여러분! 우리 대구의 5,700명의 의사가 신종 코로나바이러스와의 전투에 분연히 일어섭시다. 응급실이건, 격리병원이건 각자 코로나19 전선에서 한 명의 생명이라도 더 구하기 위해 불퇴전의 용기로 끝까지 싸웁시다. 지금 바로 선별진료소로, 대구의료원으로, 격리병원으로, 응급실로 달려와 주십시오."

지난 2020년 2월 25일 이성구 대구시 의사회 회장의 절박한 호소에 대구뿐 아니라 전국의 의사와 간호사들 3000여 명이 대구로 대구로 달려갔다. 병원장이나 의사들은 자기의 생업을 접고 달려왔다. 넘쳐나는 환자를 수용할 수 없어 광주시에서는 광주로 이송하려고 소방관들도 부지런히 달려왔다. 형제 도시라는 뜨거운 우정으로 눈물겨운 일이었다. 보자라는 병실, 음압병실까지 만들어내는 공병단의 재빠른 솜씨에 세계도 놀랐다. 당장 재난에 보태는 기부금도 대구로 대구로 몰려들었다.

K 메디컬의 외교

우한에 이어 한국이 코로나에 사투를 벌일 때 하나둘 나라들이 문을 닫더니 곧 100여 개의 나라가 입국을 거절했다. 우리는 고립되는 듯했다. 행여 자국에 유입될까, 공항을 닫고 초반에 관광으로 도착한 관광객을 이스라엘은 자국 비행기로 되돌려 보내는 야박한 일까지 생겼지만 바이러스는 그사이 어느 나라를 가리지 않고 침투해 버렸다. 그 와중에 '우리도 문을 닫아야 한다' 라고 비난을 했지만 세계에 흩어져 사는 교포들이 식료품도 고갈된 사지에서 갇힌 채 떨고 있는데 조국으로 데려와야 했다. 밀라노에서, 로마에서 수백 명씩 유럽에서 미국에서 여기저기 사지를 탈출해 국내에 입국했다. 그들은 몸만 오는 게 아니라 바이러스까지 묻혀 와 우리의 방역을 더 힘들게 했다. 그사이 무섭게 번진 이탈리아보다 스페인의 피해가 더 많았다. 프랑스 독일인가

싶더니 미국 뉴욕주가 난리가 났다. 확진 속도가 초고속이었다. 백 명, 천 명, 만 명 아니 십만 명이 짧은 시간에 퍼져 세계적인 도시가 기능을 멈추고 죽음의 도시가 되었다. 너무나 기막힌 미국 대통령 트럼프는 "우한 코로나의 대응이 잘못되었고 세계보건기구도 너무 늦게 팬데믹에 들어갔으며 기구는 중국 편향임으로 미국은 그 피해자가 되었으니 우리는 그 기구를 탈퇴하겠다" 라고 언성을 높이고 있다. 미국은 사망자만도 처리할 한계를 넘자 대기하는 사망 차량이 거리에서 악취를 내는 비극이 날마다 일어나 화가 나게 생겼다. 그사이 경제는 멈추고 주급으로 사는 노동자는 죽는다고 시위가 여기저기에서 일어나 세상은 그야말로 난리가 났다.

당황한 트럼프 미국 대통령, 마크롱 프랑스 대통령은 우리 대통령에게 전화를 걸어 대응 매뉴얼을 공유하기를 청했다. 바로 20개국 정상들이 화상으로 회의를 통해 공동대처를 하자고 의견을 모으기도 했다. 우리는 과학적이고 체계적이며 투명한 방식이 관리 체제 안에 들어와 조용히 소강상태가 되어 한 자리 숫자에 머물자 우왕좌왕하던 세계는 우리를 부러워했다.

고난도 자산이다

우리는 한 의료인의 아이디어를 살려 그 많은 전수 조사를 신속하게 해내는 드라이브 스루(Drive through) 방식에 세계는 경탄하며 따랐다. 그렇게 많이 쏟아진 신천지환자들의 공격도 차분히 진압했다. 언제나 오만한 일본은 하찮게 여기더니 다급해지자 조용히 따라 할 수밖에 없었다.

세계가 놀란 매뉴얼은 어디서 왔을까. 행운은 언제나 준비한 자에게 돌아온다. 지난 2015년 메르스 사태를 겪으며 마스크의 중요성을 인지하고 빠른 진단과 격리식과 역학조사에서 얻은 교훈이 이번에 빛났다. 우리에게는 국민건강보험제도가 있어 모든 환자를 추적 관리 과학적으로 투명하게 관리할 수 있는 탄탄한 의료 시스템 덕분이다. 거기에 뛰어난 정보통신(IT) 기술까지 접목되어 밀려든 악재를 해결해 왔다. 더구나 국내 바이오 제약사의 검사 키트가 뒷받침되었다. 정확도가 확실해 세계에서 신뢰를 얻자 진단 키트의 수요가 폭발했다. 일찍 치른 중국은 각 나라에 진단 키트를 보냈으나 30%의 정확도에 그치고 우리 기업들의 진단 키트가 100% 정확해 주문이 쇄도해 그간 고생이 가치로 빛났다. 어느 회사는 11일 만에 전년 대비 2~3배의 수출이 웃돌았다. 쉬지 않고 준비한 자에게는 행운이 온다. 세상은 언제나 제로 섬 게임이기 때문이다. 그간 조용히 해외의 판로 개척에 어려움을 견딘 많은 기업들이 이제 코로나 위기에 돋보여 바이오 기업이 새롭게 우뚝 떴다.

우리의 심성 한국인의 인심

우즈베키스탄에서는 방역 전문가를 요청해 고대 교수님이 출발했다. 파견한 전문가는 한 달간 매뉴얼을 전수시키고 교포와 같이 귀국했다. 갈 때는 진단 키트 마스크 등 갖가지 방역용품을 비행기에 잔뜩 싣고 갔다. 좀 더 친숙한 아랍에미리트는 일찍 방역용품을 나누어 주었다. 인맥이 닿는 카타르는 한 참 바쁠 때 방역용품 등 진단 키트를 요리조리 구해 보냈다.

루마니아는 특별했다. 지난해 헝가리 여행 중 다뉴브강에서 사고를 당해 25명의 목숨을 잃었다. 본국에서 전문가들을 파견했으니 두 분을 찾지 못해 애태울 때 강 하류에 있는 루마니아는 발전소의 작업을 중지하고 나머지 시신을 찾아 준 고마운 나라다. 이를 잊지 않고 보답하기 위해 작은 나라들이 흔히 갖추지 못한 진단 키트 등 방역용품을 보냈더니 의회 부의장의 감사 편지가 오고 유럽 여러 나라에 우리나라 자랑을 많이 했다. "역시 진정한 우정은 어려울 때 안다."라고 고마워하는 루마니아, 얼마나 아름다운 우정이 국가 간에도 오가는지 참으로 보람된 일이었다.

그 후에도 우리 정부는 마스크가 해결이 되자 미국에 200만 장의 마스크를 보내니 국무부의 감사 인사도 왔다. 얼마 전에는 6·25 때 파병되어 우리를 도와준 프랑스 노병들에게도 마스크를 전달했다. 얼마나 기뻐하시는지. "70년이 지난 우리를 잊지 않는 한국에 감사" 하며 눈물을 글썽이던 노병들. 우리와 별로 친숙하지 않은 쿠바에게도 코로나 백신과 의료제품 등을 지원했다. 그랬더니 코로나 극복에 은혜를 입었다 하여 쿠바는 이를 기념하기 위해 기념 화폐를 만들 때 한국 국기를 그려 넣는다는 소문도 돌았다. 그 은혜를 잊지 않기 위해 한국산 방산 무기를 대량 구입할 예정이라니 사람이나 국가나 은혜를 잊지 않는다. 얼마나 아름다운 우정인가. 그 외 남미의 여러 나라와 어려움을 같이 나누며 신뢰를 얻었다.

신속한 소통에 놀란 세계

이번에 특이한 것은 선진국의 민낯을 보며 교훈을 얻었다. 영국의 한 간호사는 일을 마치고 마트에서 장바구니를 들고 진열대 앞에 섰다. 그러나 진열대는 사재기로 아무것도 없이 텅텅 비어 있었다. 그는 기가 막혀 울었다. 환자를 돌보느라 마트에 늦게 온 것뿐인데 이렇게 야박할 수 있을까.

우리에게는 왜 사재기가 없는지 외신기자들의 질문이 많다. 첫째는 든든한 생필품 생산 시설이 대부분 한국에 있어 제조 기반이 튼튼하다. 둘째는 다른 나라들이 따라올 수 없는 세계 최강의 온라인 쇼핑 시스템이 구축되어 있다. 거기에 초고속 통신망과 모바일 기기가 빠르게 확산되면서 모바일 쇼핑 비중도 60%에 가깝다. 온라인으로 주문하면 초고속으로 배달을 받는다. 24시간 쉬지 않고 택배 배송이 가능한 세계 유일의 나라가 왜 사재기를 하겠는가. 셋째는 북한의 돌변사건으로 사재기의 경험이 풍부한 나라다. 사재기는 오히려 불편하고 손해라는 것을 터득한 사람들이다. 촘촘한 물류 상권이 많은 나라에서 사재기는 피해라는 것을 안다. 넷째는 이전보다 성숙해진 시민의식도 대단하다. 초반

마스크 부족 중에도 의료인에 양보하고 사질 않은 사람도 많았다. 나도 나의 졸시를 단체 카톡 방 여러 곳에 보내며 마스크를 양보하기를 권하고 한 개도 사지 않았다. IMF 위기를 넘긴 우리 국민은 위기에 강하다. 이러한 국민이 왜 사재기를 하겠는가. 마스크를 밤낮없이 만들어도 1만 장, 전국에 퍼진 코로나에 우선 급한 의료진 공무 봉사자가 먼저였다.

우리의 고운 심성

대구가 코로나바이러스에 습격당해 의료진이 불철주야 과로할 때 전라남도 바닷가에서는 전복과 낙지를 요리해 보내고 보신을 위해 장어도 넉넉히 구워 보내는 착한 심성들이다. 전라북도에서는 홍삼을 고아 의료진의 건강을 염려하는 인정 많은 사람들이다. 뭔가 보탬이 되려고 내 몸 안 아끼고 자원봉사로 응원하는 사람들. 사경을 헤매는 수술환자에게 혈액이 모자라자 '사랑의 헌혈'을 위해 줄을 길게 서서 기다리는 젊은이들이 있는 게 우리나라다. 자가격리로 외출을 못하는 가정에 각종 음식과 쌀 과일 삼계탕 등을 박스에 담아 비대면으로 문 앞에 놓고 가는 사람들. 이 고운 마음씨를 가디언지도 칭찬하고 있다.

우리에게는 정보통신(IT) 나노(NT) 생명공학(BT) 기술과 융합하여 새로운 진단영역을 개척하며 희망이 보인다. 벌써 우리의 진단 키트 기술을 인정해 업체는 550만 건 분량의 진단 키트를 유럽, 중동, 남미 등 40여 국가에 수출하고 이탈리아 스페인 필리

핀 인도네시아 브라질 등 수출요청이 빗발치고 있다. 피 한 방울로 10분 만에 감염 여부를 판별할 수 있는 장점을 그들은 놓치지 않고 환호했다. 우리 기업들의 기여가 이때도 빛났다.

미증유, 정말 한 번도 경험하지 못한 세상에 두려움도 많고 지루하기도 했지만 정은경 질병관리청장은 까만 머리가 하얗게 세도록 혼신을 다 했다. 의료인 간호사들 시민들의 협조까지 이 팬데믹을 이겨내는데 모두 고생이 많았다. 우리를 사경에서 건져주신 코로나의 구세주가 된 헝가리 출신 미국 커털린 커리코 교수와 드루 와이스먼 교수의 노벨상 수상을 진심으로 축하드리며 인류는 이 엄청난 희생을 가져온 코로나 흑역사도 잊지 말아야 한다.

이제까지 경험하지 못한 비대면의 세상에서 세계인 모두 서로 돕고 이겨냈음을 감사하며 공존을 해냈다.

2021. 1.『시시금융』(박지연의 시사파워)

미국의 저력

경제위기 속에 미국은 어떻게 달라지고 있는가.

미국 문화의 특성을 한마디로 말한다면 '에너지의 문화'라고 말하는 사람도 있다. 또 남성적 크기와 넓음을 보이는 문화라고도 한다. 이러한 근원은 영국 문화의 전통으로부터 이어진다. 영국은 사면이 바다로 육지에 인접한 특성보다는 섬나라의 특성을 가졌다. 영국인은 그래서 모험심이 강하고 용기와 인내, 실질을 숭상하는 민족이다. 이러한 민족적 기질이 미국으로 건너가 보다 크고 다양한 기품으로 발전해 갔다. 역시 미지(未知)를 존중하고 발전시키는 문화로 그 특성이 드러나게 되었다.

그들의 특성을 살피는 속담이 있다. '바쁜 꿀벌은 근심할 겨를이 없다.'(The busy bee has no time for sorrow) 이 속담은 새로운 세계를 찾아 끊임없이 달려가는 사람에게 사소한 신변의 걱정이나 관념적 회의(懷疑)는 있을 수 없다는 것이다. 새로운 발견의 희열과 긴장이 그것을 크게 압도하기 때문이다. 하나 더 챙겨보면 '쟁기에 잘린 벌레는 쟁기를 원망하지 않는다(The cut worm forgives the plough)'는 속담도 밭을 가는 쟁기에 잘려 죽게 된 벌레는 어쩔 수 없는 그의 불행이다. 그러나 보다 나은 삶을 위한 개척 앞에 어떠한 희생은 있게 마련이다. 이러한 희생을 대담하게 받아들이는 정신이 대지(大地)의 정신이고 대의(大義)의 정신이라 할 것이다.

이러한 문화권에서 세계의 지도적 국가로서 우뚝 선 미국에게 2001년 9월 11일 동시다발적 테러의 참상은 미국의 자존심을 여지없이 무너뜨렸다. 그에 따른 엄청난 인명 피해와 경제적 손실, 미국 경제를 위시한 세계의 경제의 불안 요소까지 감안하면 이것은 상상이 되지 않은 파장을 수반하게 될 염려에 쌓여 있었다.

그러나 미국인들은 그것에 낙심하지 않고 유가족을 돕기 위한 모금 행사를 가졌다. 즉 아메리카: 영웅들에게 보내는 찬사(America : A Tribute to Heroes)가 지난 9월 21일 뉴욕과 로스앤젤레스에서 2시간 동안 열려 전 미국인들의 가슴을 적셨다. 유명 가수와 배우들은 촛불이 가득 켜진 조용한 스튜디오에 모여 전 세계의 시청자들에게 평화와 연대의 메시지를 전했다. 그 행사로 동부지역에서만 해도 1억1600만 달러의 기금이 모아졌다. 또 미프로 농구(NBA) 사상 최고의 슈퍼스타였던 마이클 조던이 현역에 복귀하면서 올 시즌 연봉 100만 달러 전액을 지난 테러 참사의 희생자들을 위한 기금으로 선뜻 내놓겠다고 밝혔다. 그뿐 아니다. "미국은 단결하라"라는 구호 아래 샌디에이고의 퀄컴스타디움에서 7만 2000여 명의 매머드 인간 성조기를 만들고 애국심을 고취하는 행사를 가졌다.

그 외 오하이오에서 여기저기 미국 전역에서 손마다 성조기를 높이 들고 나라 사랑의 불길이 타오르고 있었다. 원래 미국 사람들은 자기 나라를 상징하는 성조기에 대한 자부심이 대단하다. 학교 교실마다 성조기를 내걸고 식당에서, 달리는 차에서까지 성조기는 나부낀다. 가정에서도 대문에 성조기를 내걸고 늘 안도하는 사람들이다. 미국인들은 하루에 다섯 번 이상 성조기를 보고 산다는 통계가 있다. 미국은 인종, 종교, 직업이 다양하지만 이 성조기 아래 숙명적으로 미국이라는 나라에 하나로 맺어져 있다는 감각을 늘 다지게 된다고 한다. 이 합의체로서의 성조기가 무참히 그 자존심이 짓밟혀지자 이들은 성조기의 깃발 아래 구심체를 강력히 부활시키고 있다. 부시 대통령이 잿더미 속에서 구제를 지휘하면서 들고 있는 바로 그 성조기는 더 큰 의미가 부여되어 있는 듯하다. 집집마다 거리마다 펄럭이는 성조기는 미국의 결속을 강도 높게 보여주고 있었다.

테러 사건 이후 미국인들의 분노와 슬픔이 애국심으로 바뀌면서 부시 대통령의 지지도가 이전에 비해 86%로 급등했다. 걸프전쟁 기간 중에 기록한 아버지 부시 대통령의 기록한 89%에 육박하고 있었다. 이 애국심은 젊은이들이 전쟁을 지지하는 지원병의 모습으로 나타났다. 이들은 슬픔에 머물지 않고 테러를 뿌리

뽑아야 한다는 일념으로 세계와 연계해 힘겨운 속에도 국민들의 응집력을 보여 놀랍기만 했다.

우리가 IMF를 당하고 나라의 경제가 심히 어려울 때 장롱 깊숙이 넣어둔 금붙이, 아이의 돌 반지, 할아버지의 조끼 단추, 어머니가 선물한 십자가 목걸이까지 서슴지 않고 나라의 경제 살리는데 한몫을 해 세계인들을 놀라게 했던 그 감동이 상기되어 가슴 찡하게 다가왔다. 여섯 살도 채 안 돼 보이는 어린아이가 테러에 희생된 자의 하얀 십자가를 세 개나 힘겹게 나르는 모습에서 미국의 저력을 본다. 오클라호마주 성서 침례교회 앞마당에 세워진 테러 실종자 5000명을 상징하는 5000개의 십자가를 보며 우리에게 시사하는 바 크다.

이제 테러에 안전지대는 없다. 미국이 받은 테러는 미국만의 문제가 아니다. 세계인이 같이 전율과 공포, 분노를 가지며 미국인들에게 위로와 동정심으로 이어진 일체감은 유례없는 단합된 모습을 보였다. 곳곳마다 모여 성조기를 들고 깊이 흐느끼는 유족을 감싸는 모습을 본다. 정치권에서도 공화당을 탓하지 않고 강력한 야당도 같이 하나 되는 미국의 저력은 내단하다. 그들의 결집력은 언제인가 큰 에너지가 되어 세계인이 부러워하는 희망의 나라로 다시 돌아갈 것이다.

2001년 9월 11일 테러는 생각만 해도 엄청났다. 세계무역센터가 있던 곳은 추모의 공간으로 만들어 '그라운드 제로'로 이름붙이고 검은색 돌판에 깨알같이 2977명의 이름을 새겨 매년 이곳에서 희생자를 기린다. 또한 테러리스트에게 탈취당한 항공기가 무역센터에 처음 부딪친 오전 8시 46분에 조종을 울리며 부통령 뉴욕주지사 뉴욕시장 가족들이 모여 해마다 추모 행사를 갖는다. 국가적 재난 앞에 정치권 의원들도 같이 추모하고 서로 위로하며 국가를 향한 애국심을 보인다. 2977명을 하나하나 호명하다 보면 장시간이 지나서야 추모식은 끝난다.

미국은 세계인의 경찰로서 많은 자금을 투입하고 글로벌 경제 위기 속에도 정의를 위해 어려운 나라를 돕고 있는 나라다. 그곳에서 인류를 위해 학문과 과학을 연구하며 세계평화를 위한 나라, 미국의 저력은 대단하다.

2011. 9. 『한국문인』

2

강 건너 불구경

국격(國格)과 품격(品格)

우리나라 정치에서 없어져야 할 문제는 막말이다.

이 막말은 자신의 품격을 떨어뜨리고 국가의 품격까지 망치는 아주 사라져야 할 악습이다.

지난해부터 전직 두 대통령이 영어의 몸으로 수감되어 이미 자신의 몰락은 물론 국가의 체면과 체통이 크게 국격을 손상시켰다. 그럼에도 “국격에 손상을 입힌다” 하여 재판장에 불출석하겠다는 변명이었지만 국격은 이미 손상을 입혔다.

지난해 9월 미국 보수진영의 대표되는 정치인 존 매케인(John Sidney Maccain) 상원의원이 별세했다. 워싱톤 DC에서는 진정한 애국자를 잃었다는 탄식과 애도의 물결이 이어져 정당과 정파를 초월해 모두가 ‘조국에 헌신한 영웅’이라며 그의 떠남을 슬퍼했다.

그는 1986년 상원의원으로 당선된 이래 30년 넘게 지냈지만 내 기억으로 그는 화난 얼굴과 누구와 싸워 열을 올리며 무섭고 품위 없는 얼굴을 보인 적이 없다.

그의 품위가 돋보이는 게 있다. 일상 우리가 보아온 선거전에는 흔히 가짜뉴스와 흑색선전이 난무하다. 2008년 대선에서 민주당 오바마 후보와 대결하는 경쟁자였던 매케인에게 한 지지자가 "오바마가 아랍 출신이라는데 그가 대통령이 될까 두렵다"라고 하자 매케인은 정색을 하며 "오바마는 품위 있는 시민이다. 당신이 걱정할 필요가 없다"고 했다. 그는 항상 미국의 통합을 위해 선거전에서도 상대방을 비방하지 않았다.

"요즘 정치에는 겸손이 부족하다. 이러다가 미국 사회가 분열될까 염려된다."라고 그의 저서 『쉼 없는 파도(Restless Wave)』에서 피력했다. 친한파였던 그를 잃음이 더욱 애석했다.

왜 우리에게는 좀 넉넉하고 겸손해 존경받을 만한 정치인이 없을까. 우리 국회는 문만 열면 전투태세로 고성과 막말이 먼저 나온다. 청문회에 불려온 참고인이나 증인들이 죄인인가. 싸움판 기선 잡기처럼 고성으로 주눅들게 죄인 다루듯 그 천박한 청문회와 국정감사 태도. 상사가 부하 직원에게 고압적으로 대하면 고발하라고 법을 만들어 놓고 왜 의원들은 성난 얼굴로 고압적인 고성으로 참고인이 대답도 제대로 못하게 하는지. 이것은 의원들의 엄연한 갑질이다. 그들의 품위 없는 감사태도에 이미 품격은 떨어졌다. 교통사고 도로에서 목소리 큰 사람이 이긴다 했던가. 법과 규칙을 모르는 가해자의 무식한 모습과 다를 바 없다. 요즘 고함 속에 일본말 잔재까지 섞어가며 떠든다. 해방된 지 74년, 그 진저리나는 식민지 시대의 지긋지긋한 일본말, 그것도 품격 없는 말을 외치며 국민 정서도 모르는 의원들의 막말을 우리는 언제까지 들어야 하는가. 그뿐이야, 5·18 망언, 세월호 막말은 또 어떤가. 한심하기 그지없는 의원들이 우리들의 대표라니 부끄럽다.

의사당은 국민의 대표들이 우리 사회를 위해 바른 법을 만드는 신성한 곳이다. 인기몰이 성토장이 아니다. 국민들이 지켜보고 있는데 대담하게 그런 저속한 태도를 예사로 한다.

우리는 그들을 선량이라 부르며 불체포 특권과 면책 특권을 부여했다. 그들은 온갖 최고의 대우를 받아가며 금배지의 특권을 누리고 있다. 국민들이 필요한 절박한 법을 수없이 발의해 놓고도 상임위에서 논의나 조사조차 하지 않은 채 폐기되기 일쑤다. 여야 서로 비하 발언은 듣기에 낯이 뜨겁다. 정보 홍수시대에 아이들 교육을 어찌하라고 절제를 모르고 막 가는지 불행한 일이다.

막말로 천박한 일본은 강제징용으로 젊은 우리 국민을 착취했는데 기어이 경제보복을 감행한 일본, 외신들은 일본이 한국을 침략한 관계를 설명하며 '전범국가'임을 드러냈다. 일본의 막말과 반성하지 않는 그 태도는 일본이 많은 것을 가졌고 경제력을 자랑하지만 뻔뻔하고 염치없는 섬나라로 국격을 찾을 의향이 없다.

6·12 미 · 북회담의 약속이 지지부진하자 우리 대통령은 세계의 눈이 지켜본 증인이라며 약속 이행을 촉구한 바 있다. 그러자 북

한의 노동신문은 우리 대통령에게 상식 이하의 분별없는 천박한 막말을 쏟아냈다. 막말만 앞세운 분수 모르는 북한, 말할 가치도 없다.

요즘 막말 선수가 또 하나 나타났다. 10억 달러가 장난감 살 돈인가. 1조 2000억 원은 우리의 피와 땀으로 모아지는 방위비의 엄청나고 신성한 돈이다. 트럼프가 자기 아버지와 어릴 때 임대료를 거두러 다닐 때 114달러 13센트보다 더 쉽게 얻었다는 그 표현은 한국 국민들에 대한 모독이요, 한국에 파병된 미국 국민을 모독한 말이다. 연합훈련은 몇십 년 지켜 온 방위 훈련이다. 이를 돈이 너무 들어 싫다는 말을 다른 사람도 아닌 김정은에게 하다니, 철없는 아이도 아니면서 미국의 체통과 트럼프 자신의 품격을 땅에 떨어뜨렸다.

국격을 올린 나라도 있다. 프랑스는 1871년 비스마르크에게 침공을 당했고 1940년에는 히틀러가 침공해 적대관계의 사이였다. 그러나 제2차 세계대전 후 첫 독일 총리 아데나워는 발이 닳도록 프랑스를 방문해 사죄하고 서신으로 대화로 프랑스에게 용서를 빌었다. 1970년 12월 빌리 브란트 총리는 폴란드 수도 바르샤바를 방문, 유대인 학살 추모비 앞에서 무릎을 꿇고 용서를 빌었다. 독일 대통령마다 총리마다 사죄를 하며 진정어린 용서를 구했다. 프랑스와 세계는 그들을 용서하기에 이르러 독일은 통일을 이루고 유럽의 지도자로 다시 부활했다. 그들은 참으로 전범자에서 국격을 높인 후손들이다.

2018년 11월 11일 파리에서는 제1차 세계대전 종전 100주년을 맞아 세계의 70개국 정상들이 모였다. 독일 메르켈 총리는 제1차 세계대전을 일으킨 전범자의 후손으로서 1918년 11월 11일 항복문서에 조인하고 연합군에게 항복한 것을 조금도 부끄러워하지 않고 잘못을 인정하고 세계 평화를 위해 기꺼이 프랑스 마크롱 대통령과 화해하는 모습을 우리에게 보였다. 그뿐 아니라 독일 대통령은 제1, 2차 세계대전 때 적국이었던 영국 런던에 건너가 세노타프(Cenotaph) 전몰장병 기념비에 헌화하고 반성과 화해의 모습을 보이며 세계인에게 끊임없이 용서를 구하는 분별력이 있는 나라다.

우리의 국격은 정치인이 올린 게 아니다. 열사의 나라 중동 사막에서 말레이시아 쌍둥이 빌딩에서 까다로운 미국의 그 넓은 도로를 휙휙 달리는 자동차에서 세계의 가정에서 정보를 알리는 TV나 냉장고에서 우리의 관문인 인천공항에서 세계인의 정보를 교환하는 스마트폰에서 반도체에서 세계가 부러워하는 시골 여관방까지 들어온 WiFi에서 지하철의 청결에서 인터넷의 보급률에서 바다에서 하늘에서 땅에서 땀 흘려가며 글로벌 위기에도 1조 달러를 이뤄낸 산업역군들의 덕이다.

피땀으로 일군 대한민국의 국격을 의원들은 나와 내 당을 먼저 챙기기 전 도덕성을 갖추고 오만하거나 국민 앞에 군림하지 않는 겸손한 미덕을 갖추면 품격은 절로 상승될 것이다.

2018. 12.『시사금융』(박지연의 시사 파워)

세계인의 분노, 푸틴의 포악

러시아는 불법으로 침공해 우크라이나의 인프라 방송국 산업 시설 주택과 아파트 등 닥치는 대로 모두 잔인하게 다 부수고 불태워 폐허로 만들었다.

러시아의 무자비하고 무분별한 폭탄으로 만삭의 여인이 배를 움켜쥐고 도망치다 결국 사망한 산부인과 병원까지, 부모들은 전쟁에 나가고 아이들만 모아 극장에 피신 시켜 '어린이'라는 큰 팻말까지 세웠는데 그곳도 폭탄으로 불태워 어린 목숨까지 빼앗아 간 이 잔악한 러시아 군인. 푸틴은 눈을 크게 뜨고 보는가. 이제 두 손을 뒤로 묶인 채 새까맣게 타버린 부차 시민들의 시신이 쏟아진다. 주민들은 감금 당하고 고문하며 살해하고 강간까지 저지른 이들이 인간이기를 바라는지. 이 온갖 가혹행위로 제노사이드(genocise)라는 집단살해를 러시아는 서슴지 않았다.

죽임 당한 이들은 평화롭게 살아가는 할아버지 할머니, 아버지요, 어머니요, 남편이요, 아내이고 어린 손자들이다. 대명천지 21세기에 세계인이 눈을 뜨고 똑똑히 보는 앞에서 이런 잔인무도한 러시아. 가족들이 뿔뿔이 헤어지고 살 땅을 폐허로 만든 러시아. 우크라이나는 비극 중의 비운의 땅이 되었다. 전쟁이 멈춰도 어느 세월에 누가 이 나라를 재건할 수 있으며 어느 세월에 복구가 될지 참담하다.

UN의 안보리 상임이사국인 러시아, 인권위원까지 러시아는 그 자격을 모두 박탈하고 퇴출시켜야 한다. 러시아는 병원 같은 생존의 기관시설을 부수고 주민을 감금하고 멋대로 고문 살해하는 행위는 국제형사재판소의 처벌 대상이다. 푸틴은 전범이다. 모든 침략의 책임이 푸틴에게 있다.

러시아는 예나 지금이나 우크라이나를 러시아의 지배하에 두거나 우크라이나의 국가와 국민을 말살하려는 잔인한 획책을 부리지만 우크라이나는 역사적으로 1922년 소비에트 연방이 된 이래 그의 긴 세월 동안 너무나 많은 박해와 피해로 조상들의 비참한 생활과 많은 희생으로 죽어갔음을 똑똑히 안다. 겨우 살아남은 사람들은 러시아화를 절대 원치 않는다. 그들은 보통 서방의 국가처럼 국가 간 외교와 시장경제 속에서 민주주의를 지키며 살기를 원한다.

1930년대 소비에트 스탈린 정권은 우크라이나를 죽음으로 내몰은 사람들이다. 독재 스탈린은 우크라이나의 생산된 농산물을 강제로 빼앗아 굶주려 죽게 만들었다. 이 사태를 홀로도모르

(Holodomor)라 하는데 굶주려 탈진하여 죽인다는 뜻을 가지고 있다.

이에 딱 알맞은 말이다. 그때도 우크라이나 사람들은 사회주의 경제 조치에 저항했다. 우크라이나를 집단 농장으로 만들고 농촌을 혁명적으로 변화시킨다는 이유로 국영화하고 집단 농장에 편입시켜 생산물은 국유화했다. 사실상 농민들은 농노가 되어 착취당했다. 심지어 다음 해에 쓸 종자까지 약탈한 스탈린, 식량을 숨기다 들키면 15배의 징수를 가하고 마을 전체를 시베리아로 유형을 보냈다. 스탈린에 견디다 못한 농민이 도시로 탈출하면 이들을 '소비에트의 적'으로 취급하고 체포해 강제노역에 특수지역으로 끌려갔다. 하루 아사자가 1만 5천여 명이 죽어갔다. 우크라이나의 12%의 인구가 사라졌다. 이로 인해 경제의 기반이 무너지자 더 큰 사태가 일어났다. 소련은 기근을 유발시켜 이렇게 죽였다. 마치 1990년대 북한의 '고난의 행군'을 상기시킨다.

이 악랄한 역사적 피해와 고통을 당한 우크라이나는 러시아의 지배도 사회주의도 배격한다. 그러나 조상들이 당한 고통을 그대로 자손들이 당하며 존립 위기에 놓여 있다. 1990년 소비에트 해체 후 우크라이나는 1991년 독립한 엄연한 국가다. 이번에 국가를 다시 세우지 않으면 러시아는 더 큰 악행을 감행할 것이다.

이번에 우크라이나는 키이우를 지켰다. 군복을 입고 총알이 쏟아지는 한가운데서 국민에게 함께 나라를 지키자며 호소로 항전을 재촉하는 젤렌스키 대통령이 항전의 구심점이 되고 있다. 젤렌스키 대통령은 서방에도 호소를 했다. 나라마다 그의 호소에 기립박수를 보내며 감동을 받았다. 우크라이나는 우군을 얻었다. 우크라이나 국민도 해외에서 안정적인 직장을 가진 사람들도 조국을 지키기 위해 속속 귀국해 항전에 참여한다. 복싱, 테니스, 축구 등 스포츠 스타들도 예외가 아니다. 어린아이와 노약자를 폴란드 인근에 피신시키고 다시 우크라이나로 돌아가는 애국시민의 차량의 줄이 길다. 이것도 세계인에게 감동을 준다. 중동전쟁 때 아랍과 싸운 작은 나라, 이스라엘의 국민들을 연상시킨다. 많은 아랍군을 이겨낸 이스라엘의 감동을 생각하면 지금도 대단하다고 여긴다.

더구나 우크라이나는 2014년 크림반도를 러시아에게 탈취당하고 국민들은 분노에 찼다. 우크라이나를 지키려는 애국심이 하나로 뭉쳤다. 비극은 이제 멈춰야 한다. 푸틴은 야만적인 망상을 버리고 전쟁을 당장 멈춰야 한다. 푸틴은 세계의 질서를 무너뜨리고 그간 코로나19에 시달린 지구촌의 경제에도 막대한 피해를 안기는 이번 전쟁을 바로 멈춰야 한다. 이번 전쟁으로 세계의 곡창이라는 우크라이나, 수출을 제대로 못하도록 흑해를 막아 세계의 식량 사정도 위협을 받고 있다. 우크라이나를 괴롭히는 전쟁이 아니라 세계가 전쟁으로 인해 피해가 점점 확산되고 있다. 어려운 나라 아프리카 남미의 나라들이 배고파 죽어간다. 그들이 큰 피해를 받고 있다.

바로 침략자 러시아의 징집 군인들도 영문도 모르고 와서 죽어간다. 배고프고 추위에 떨며 훈련인 줄 알고 따라와 고생하는 러시아 징집 군인들의 아우성도 들어라. 러시아는 이미 패배했다. 무엇 때문에 싸우는지도 모르는 군인을 데리고 침략한 푸틴. 전쟁을 멈춰라. 러시아 때문에 세계는 분노에 차 있다. 탐욕과 폭악을 당장 멈춰라.

NO WAR, STOP PUTIN!

2022. 11.『시사금융』(박지연의 시사파워)

정직(正直)의 효율성(效率性)

“남의 것을 훔치면 안 된다. 길에서 물건이나 돈을 주우면 순경 아저씨에게 맡긴다.” 우리는 어릴 때 이렇게 배웠다. “내 것이 아니면 보지도 만지지도 말라” 했다. 보고 나면 욕심이 생긴다는 이야기다. 엄마로부터 배워 온 교육이 자라서도 견물생심(見物生心)의 경지까지 익히며 자랐다.

그런데 공직자의 뇌물수수를 어찌할까. 허위라고 우겨대고 있으니 걱정이다.

흥사단의 윤리연구센터가 초중고 6,000명을 대상으로 조사한 결과 ‘10억 원이 생긴다면 1년간 감옥행도 무릅쓰겠다’는 답이 초등학생이 12% 중학생이 28% 고교생이 44%나 되었다. 어릴 때 배운 것이 성장할수록 멀어져 갔다. 투명기구 조사도 놀랍다. ‘부자가 되는 것과 정직하게 사는 것 중 어느 것이 더 중요한가’를 물었을 때 40.1%가 ‘부자가 되는 게 더 중요하다’라고 답이

나왔다. 정직을 잃어가는 어른들을 보고 배운 바로 이런 게 무섭다.

공짜는 정직과 배반된다 할 수 있다.

옛날 어느 임금이 유능한 학자를 소집, 모든 국민이 잘살 수 있는 비결을 연구하라고 했다. 그들은 열심히 연구해 12권에 그 내용을 수록해 바쳤다. 그러나 임금은 분량이 너무 방대하다며 퇴짜를 놓았다. 연구팀은 장시간 토론과 연구를 거쳐 6권으로 줄였다. 그러나 임금은 이것도 많다고 하자 1권으로 압축했지만 다시 반려, 소논문의 분량으로 만들었다. 다시 한 페이지까지 줄여도 마찬가지였다. 그렇게 길면 온 국민이 외울 수 없다는 것이다. 다시 줄이고 줄여 보니 딱 한 줄만 남았다. 그제야 임금은 기뻐하며 "이것만 국민이 지키면 모두 잘살 것이다"라고 했다. 바로 '이 세상에 공짜는 절대로 없다'라는 것이다.

세계적인 부호들도 '공짜 점심은 없다'라고 한 것을 보면 내 노력 없이 공짜로 얻는 것은 죄악이고 정직하지 못한 마음을 일깨워 준 말이 된다. 내 땀을 흘려야 귀한 내 것이요, 가치가 있다는 것이다.

오래전 이야기가 생각난다. 미국의 라디오의 전화 퀴즈 프로그램에서 우승한 사람에게 그 대가로 '1달러짜리 지폐 1백만 장이 깔린 뉴욕 체이스 맨하탄 은행 지하 금고에서 단 4분 동안 재주껏 집어가라'는 행운을 얻었다.

그는 최대한 집어오기 위해 2주 동안 트레이너를 고용해 집중적으로 훈련을 받았다. 그래서 가져온 돈이 10만3천6백12장, 헐레벌떡거리며 무려 13번이나 금고를 드나들며 죽어라 하고 바구니에 담는 것이 고작 이 정도였다. 그는 집에 돌아와 지쳐서 한 발짝도 걸을 수 없었다. 그리고 지금까지 살면서 이처럼 육체적으로 힘든 일을 해 본 적이 없다고 고백했다. 그게 바로 이 세상에 공짜는 없다는 것을 확인한 것이다.

톨스토이(Leo Tolstoy)의 단편에도 이런 이야기가 있다. 한 시간 내에 걸어서 돌아오면 그 땅을 전부 주겠다는 주인의 말에 '웬 공짜'라며 좋아서 시간 가는 줄 모르고 걷다 지친 이 농부는 결국 자기가 묻힐 땅 한 평도 얻지 못하고 죽었다. 공짜를 바라는 최후의 허망함이 어떤가를 보여 준 이야기다.

정도(正道)를 못 지킨 일은 부끄럽다. 우리는 최빈국에서 무역으로 일으킨 나라다. 산업역군의 피땀으로 경제대국의 반열에 섰다. 그러나 어느 수출업자의 실패담을 새겨야 한다. 그는 동남아로 인삼 수출사업을 하면서 처음에는 정직하게 하다가 얼마가 지나자 포장할 때 맨 위에는 좋은 인삼을 얹고 밑에는 불량품을 넣었다고 한다. 그런데도 클레임을 당하지 않고 통과하자 계속 그런 식으로 계속했다가 결국 많은 액수의 클레임에 걸리게 되어 파탄에 이르고 말았다. 정직하지 못한 것이 스스로 파멸의 길을 걸었다.

그러나 미국의 역대 대통령 중 정직성에서 링컨을 따를 자가 없다. 그는 공직에 있을 때 뇌물에 대한 많은 유혹을 받았지만 물리칠 수 있는 비법을 가지고 있었다. 그것은 어려서부터 귀에 못이 막히도록 들었던 어머니의 “도둑질하지 말라”는 말씀 때문이었다. 링컨은 신실한 기독교 신자로 십계명을 지켰다. 링컨은 재임 시절에는 ‘무식하다, 독선적이다’라는 비난을 많이 받았지만 세월이 흐를수록 국민의 존경을 가장 많이 받는 지도자다.

부정에 숨은 권리를 따져 본다. 공직의 부패는 정직하지 못한 곳에서 나온다. 선거철에는 그게 극치를 이룬다. 후보들의 거짓 공약, 이 빤한 거짓말을 팔아 권력을 사는 것이 된다. 지난 정권에도 747의 화려한 공약은 환상적이었다. 경제성장이 7%라면 경제는 호황을 누리고 우리는 잘살 것이다. GDP 2만 달러에 가난을 벗었는데 4만 달러라면 선진국 대열에 끼지 않겠는가. 그러나 경제는 글로벌화 되어 위기를 맞고 우리만의 힘으로는 이룰 수 없는데도 우리는 믿었다. 국민들의 의식 수준도 높아만 가는데 거짓말 공약에 지쳤다. 또 공직자의 부정부패는 얼마인가. 국제투명성기구의 부패인식지수 조사에서 우리나라는 43위에 머물다니 세계 경제의 우리 수준에 형편없이 뒤떨어져 있다. 윗물이 맑아야 아랫물이 맑다는 옛사람들의 말을 기억할 때다.

절대 정직(絶對 正直)은 무엇일까. 미국의 초우량 기업들 상당수의 기업이 ‘타협할 수 없는 정직’ 또는 ‘절대 정직’을 사시(社是)로 삼거나 기업 이념으로 삼고 있다. 얼핏 보면 홍보용 같지만 존슨 앤 존슨 같은 기업은 정말로 그러한 사시를 실행하려고 노력한다고 평판이 나 있다.

사업을 하다 보면 뇌물을 줘야 할 상황이 발생할 텐데 주문을 놓치더라도 정직이라는 원칙을 지켜야 한다고 한다. 유혹하는 부분이라 할지라도 그 약속을 지키는 이유에 대해 하나는 뇌물 등의 외부 부패를 용인하면 내부의 부패를 다스리기가 어렵다는 것이다. 가끔 뇌물의 배달 사고가 난 것을 보면 뇌물을 주면서 영수증을 받을 수 없기 때문에 회사 입장에서 확인할 수 없다는 것이다. 또 하나의 이유는 뇌물을 주지 않더라도 사업이 될 수 있도록 최고의 경쟁력을 갖도록 회사 전체가 노력해야 한다는 것이다. 요컨대 정직은 최우량 기업의 조건이며 최고의 경쟁력이다. 부패는 기업 내부 규율의 와해(瓦解)로 직결된다. 결국 최고의 경쟁력은 정직과 투명이다. 요즘 무슨 무슨 X피아 하지만 알고 보면 정직하지 못하기 때문이다. 이렇게 부패지수가 높으면 경제 발전도 더디다.

전혀 근거가 없는 거짓말은 새빨간 거짓말이다. 거짓말이 건강에 해롭다는 이색적인 주장이 제기되었다. 미국의 정신 요법 의사인 브레드 블랜턴은 몇 년 전 발간된 『본연의 정직』이란 저서에서 매우 흥미로운 주장을 했다. 블랜턴은 심한 거짓말꾼에게 위궤양, 불면증, 경련성 대장염 등과 같은 스트레스성 질병의 발병률이 높다는 것이다. 거짓말의 말로가 좋지 않은 것은 분명한 것 같다. 성서 구약에도 '속임수로 얻어먹는 빵에 맛을 들이면 입에 모래가 가득 들어갈 날이 오고야 만다'라고 했다.

그러나 고대 그리스와 르네상스 시대에는 거짓말이 오히려 칭

송을 받은 때도 있었다. 플라톤(Platon)은 거짓말쟁이들은 영리하고 능력 있는 사람으로 평가했지만 에라스무스(Desiderius Erasmus)는 바보에게나 어울리는 것이라고 했다. 또 마키아벨리(Machiavelli, Niccolo)는 통치기술의 하나로 거짓말을 꼽았다. 시대에 따라 거짓말에 대한 인식이 달라져 성 아우구스티누스(St. Augustine)는 '모든 거짓말은 무서운 죄'라고 단언했다. 임마누엘 칸트(Immanuel Kant)는 '어떤 경우에도 거짓말을 허용해서는 안 되고 윤리의 토대 자체가 무너져 사회가 해체된다'고 경고했다. 소설 『25시』를 발표해 노벨문학상을 수상한 작가 게오르규(Gheorghiu)도 '한마디의 거짓말만으로도 세계의 조화를 깨뜨릴 수 있다'라고 거짓말의 위험성을 강조했다. 거짓말이 나쁘다는 것은 이론의 여지가 없다.

그러나 때로는 거짓말이 즐거움을 주기도 한다. 선의의 '새하얀 거짓말'도 있다. 남에게 해를 끼치는 것이나 어떤 사실을 포장하거나 과장하는 '새까만 거짓말'도 있다. 우리는 생활에서 가정과 직장에서 곤란을 피하기 위해 거짓말을 하기도 한다. 그러나 거짓말에 익숙해 무감각해지면 거짓말이 거짓말을 낳고 결국 진실하지 못한 사람으로 그 마음은 황폐해지며 생명력을 잃어간다.

뭐니 해도 거짓말의 주범은 부정부패로 사회를 병들게 하고 나라의 장래를 어둡게 하는 것이다. 자라나는 후손들이 거짓말을 모르고 잘 자라는 풍토를 만드는 것은 이 시대를 같이 살아가는 우리 모두의 몫이다.

지금이라도 우리의 선생님이나 엄마들이 옛날 어머니처럼 “남의 물건은 탐내지 말고 주운 돈은 경찰 아저씨에게 맡기라”는 교육을 시켜야 할 것 같다.

‘하늘은 정직한 자를 지킨다’라는 말을 새겨야 할 것이다.

부정부패와 허위로 낭비하는 시간과 재화를 좀 더 잘 쓸 수 있도록 정직하게 살아간다면 효율성은 극대화 될 것이다.

2014. 10.『시사금융』(박지연의 칼럼)

위기(危機)의 대응(對應)

요즘 눈 뜨면 고금리 고물가 고환율 소리에 날이 샌다. 마치 고혈압 고지혈증 고혈당의 3고(3高) 환자처럼 세계는 위기에 처해 있다.

팬데믹에 시달려 온 지구촌 사람들은 지쳤는데 엎친 데 덮쳐 러시아의 우크라이나의 불법 침공으로 세계 경제의 침체를 더 재촉하고 불량한 러시아는 가스관을 파괴시켜 유럽은 당장 겨울나기가 걱정이다. OPEC은 러시아와 손잡고 석유 감산까지 고유가를 유발한다. 미국은 풀린 금융을 잡겠다고 금리를 세속 올려 신흥국들은 자본유출의 위협으로 떠는데 오늘도 한국은행이 '빅스텝'을 밟으며 기준금리가 또 올랐다. 외국인의 매도가 커 주식시장의 충격도 크다. 화폐를 방어하느라 고심하지만 물가는 내릴 기미가 보이질 않는다. 수출은 급감하고 국제 원유와 원자재는 강달러로 무역적자가 날로 쌓여가 기업도 가계도 위기감에 싸여 있다. 1997년 11월 21일은 치욕의 날이다. 그해 외환보유액이 89억 달러에 불과하고 단기 외채만도 584억 달러에 달해 IMF에 도움을 받았다. 지금은 4100억 달러를 보유하고 있지만 재정적자와 가계부채가 폭증해 위기 신호로 안심할 일이 아니다.

나는 평생 살아오면서 세 번 나라의 큰 위기를 겪었다.

첫 번째는 3년 1개월 동안 조국 강산이 북한의 남침으로 전쟁터가 되어 농사를 못 짓고 폭격으로 다 부서져 폐허가 되었다. 1953년 7월 27일 정전협정으로 총소리는 멈췄지만 황폐한 땅에서 천막 사무실 천막 학교는 겨울이면 춥고 모두 배고팠다. 그때 미국과 많은 나라의 원조의 덕을 봤다. 부모님들은 밤낮없이 일하셨다. 지긋지긋하게 아껴 쓰고 나눠 쓰고 바꿔 쓰고 다시 쓰며 살림을 꾸렸다. '절약하는 남편 되고 저축하는 아내 되자.' 이 구호를 새기며 피나게 돈을 모아 은행에 갔다. 아이들은 언니들의 옷을 물려받아 입고 자랐다. 동전이 생기면 군것질 하나 사 먹지 않고 돼지 저금통에 넣었다가 은행으로 갔다. 이는 국민 모두 한 푼 두 푼 모아 산업자금으로 나라 재건에 보탰다.

두 번째 위기는 1997년 11월 21일 외환위기 때다. 6·25 때 우리의 GDP(국민총생산)는 아프리카 가나에 비견하던 67달러였다. 하지만 기업들의 피땀과 국민들의 노력으로 '한강의 기적'을 이루고 88올림픽을 마치고 "우리는 이제 살 만하다"라고 자만하며 기업은 방만한 외채를 과다하게 차입하고 개인도 씀씀이가 헤퍼졌다. 정부는 OECD(경제협력개발기구)에 가입하고 축배를 든 지 1

년이 안 되어 치욕의 나락으로 떨어졌다. 이는 유동성 부족과 환율 관리의 실패도 한몫했다. 끝내는 급하게 IMF에 손을 내밀었다. 외국에서는 한국이 샴페인을 너무 일찍 터뜨렸다고 했다. 국민들은 너무 놀라 "나라 없는 설움을 다시는 겪을 수 없다"라며 '금 모으기 운동'에 나섰다. 장롱에 감춘 금덩이, 할아버지 조끼의 금 단추, 할머니의 금비녀, 엄마는 손에서 반지를 빼고 아이들의 돌 반지까지 모두 들고 줄을 섰다. 국민들의 간절한 의지였다.

IMF의 주문과 요구는 혹독했다. 뼈를 깎는 시련과 아픔으로 기존 시스템과 구조는 무너졌고 30대 대기업들이 공중분해 되고 지명도 높은 은행들이 줄줄이 외국자본에 헐값으로 넘어갔다. 이제까지 들어본 적 없는 정말 낯선 글로벌 스탠더로 구조조정이 일상화되어 일자리를 잃은 실업자와 비정규직이 양산되면서 '오륙도 사오정' 같은 냉소적인 슬픈 단어들이 맴돌았다. 일터를 잃은 노동자들은 거리에 쏟아져 나와 노숙자와 홈리스로 전락하고 서울역에는 늘어진 어깨에 보따리 하나를 지고 고향으로 내려가는 귀향 행렬이 눈물겨웠다.

여인들은 추운 겨울에 입으려고 산 고가의 밍크코트도 꺼내지 못하고 어쩌다 철없는 여인이 밍크코트를 입고 나오면 불 총 맞기 딱 좋았다. 국민들은 정신을 바싹 차리고 다시 열심히 일하고 정부는 외국자본 유치에 성공하며 3년 만에 IMF를 벗어나자 세계는 다시 한번 놀랐다.

세 번째 위기는 바로 지금이다. 외환위기 이후 10년 만에 다시 2008년 글로벌 위기도 있었지만 지혜롭게 잘 이겨냈다. 이번 위기는 각자도생으로 자원이 있는 나라는 보호무역으로 수출을 봉쇄하고 세계화 속의 공급망이 무너져 더 어려워지고 있다.

시대도 많이 변했다. 아껴야 산다는 생각은 어디 가고 '소비가 미덕이다'라고 산업을 육성하는 목소리가 높았다. 많이 써야 공장이 돌아가고 고용도 된다는 이론이다. 그간 저금리의 은행 저축보다 투자에 눈이 떠 투자시대가 열렸다. 모바일 투자와 암호화폐가 들어와 돈의 행방이 알 수 없고 액수도 커졌다.

GDP 3만 달러의 선진국이라 여기며 배짱도 커졌다. 자본주의 사회에서 자기자본의 투자는 누구도 간섭할 수 없다. 이 와중에도 '베블런(Vevlen)효과'를 즐기는 층도 있다. 누구나 다 경험해 보는 심리다. 올해도 추석을 앞두고 "700만 원대인 샤넬 핸드백이 곧 800만 대로 오른다"는 소식이 인터넷 커뮤니티를 통해 빠르게 퍼졌다. 유명 백화점 앞에는 일찍부터 사람들이 몰려있다. 문이 열리자마자 매장에 내달리는 '오픈 런'의 진풍경은 이젠 일상화되어 낯설지 않다. 고급 수입차도 호황이다. 베블런 효과란 이미 1899년 미국 경제학자인 소스타인 베블런이 『유한계급론』에서 "상류층들은 과시 욕구를 위해 고가의 상품을 소비한다"라고 했다. 이런 상품은 가격이 오를수록 수효가 늘어난다. 그래서인지 한국은 고가 패션 수입국으로 유명해 고물가 시대에도 아랑곳하지 않는다.

그러나 대부분의 사람들은 전기료를 줄이려 방마다 불을 끄고 사소한 것 같은 교통비도 줄여 위기를 이겨내려 한다. 인생은 한 번뿐인데 나에게 후하게 쓰던 '욜로족'도 '짠 테크'로 바꿨다 하지 않는가. IMF를 모르는 젊은 세대도 지금의 3고 시대의 위기는 감지한다. 플렉스족도 짠 테크로 소비심리가 위축되어 변했다.

잊은 줄 알았는데 유치원에서도 '아나바다'를 가르친다니 다행이다. 한정된 지구촌 자원은 이번 위기가 아니어도 '아껴야 산다.'는 교훈으로 나는 대응한다.

2023. 3.『수필문학』연간대표선집

호기심

요즘 의학과 경제, 모든 환경이 향상되어 사람들은 더 젊고 건강하기 위해 공원에는 운동을 즐기는 사람들이 눈에 띄게 늘었다.

나이는 숫자에 불과하다면서 모두 나이에 관심이 많아 처음 만날 때면 나이를 먼저 묻는 일이 잦다. 그중에 어떤 이는 젊은 자기와 비슷하다 하고 다른 이는 더 젊게 짚는다.

"그대로 보이는 게 제 나이입니다." 사실 내 나이를 모르고 산다. 많은 사람들이 올렸다 내렸다 하기 때문이다. 바쁘게 사는 동안 언제 세월이 흘렀는지 나이는 들어가는데 의식하지 않는다.

어떤 이는 동작과 사고에 관심을 보이기도 한다. 또 다른 이유는 내 필체 안에 에너지가 넘쳐 오래 살 것이라 한다. 한번은 후배의 등단 축하 엽서를 보낸 적이 있다. 그 후배의 고등학생 아들이 그 엽서를 먼저 받게 되었다.

"엄마, 웬 남자가 엄마를 사랑한데…." 내가 '사랑하는 ○○ 선생님….' 하고 쓴 제목을 남자 필체처럼 보였기 때문이다. 이번에는 걸음을 이야기한다. 늘 바쁘게 살기 때문에 어떤 회의를 마치고 다음 시간에 맞추다 보면 전철도 뛰어 먼저 잡는다. 동인들처럼 천천히 담소하며 올 시간이 없기에 하이힐을 신고 계단을 뛰어오르면 토끼라고 별명을 붙이기도 했다.

때때로 어르신과 식사할 때는 조심스럽고 어려워 될 수 있는 대로 멀리 떨어져 식사해야 내가 편하다. 하루는 한의사인 어른께서 어느새 나의 치열을 보셨는지 "치아가 자기 것이라면 90세는 살 것"이라 했다. 나는 징그러운 생각이 들어 그 초라한 모습으로 오래 살 마음이 없다고 했다.

40년 전 큰 수술로 입원한 적이 있었다. 젊을 때였지만 그 초췌한 모습을 보이기 싫어 면회를 사절했다. 20대 한국은행에서 월말 야근을 마치고 불이 나간 캄캄한 탈의실에서 거울을 보며 머리를 만졌다. 후배 하나가 "언니, 보이지도 않고 볼 사람도 없는데 이 밤중에 무슨 머리 손질? 언니는 멋쟁이라…." 하며 웃었다. 그런 것은 습관이다. 누구에게 보이기보다 스스로 흩어진 모습은 자신이 싫기 때문이다.

어떤 때는 단상에서 수업이나 강의를 할 때면 후배는 나에게 백 세까지 살 것이라 한다. 목소리에 힘이 있기 때문이라 한다.

"만일 그때까지 못 살기만 해 봐라. 꼭 책임져라." 하고 호통을 쳤다. 전화 목소리는 항상 착각을 하는 사람이 많아 직장에서는 데이트를 청하기도 하는 난감한 일도 흔했다.

사실 나는 나이를 별로 의식하지 않는다. 그것을 생각하면 처량해져 10년만 젊었다면 뭐든 시작할 것 같다. 모윤숙 선생처럼 UN의 마당에 나가 외치고 싶다. 언제인가 우리나라도 핵 개발의 누명을 쓸 뻔한 일이 있었다.

"가난한 저개발 국가의 독재자들이 정권 유지를 위해 국제사회의 주목을 끌려고 협박성 거래를 할 목적으로 핵 개발을 하지만 우리 대한민국은 국제원자력기구 창립회원국일 뿐 아니라 세계 5위권의 원자력 국가"라고 유창한 국제어로 외치며 설득할 수 있을 텐데…. 누구도 제대로 설득하지 않아 되어 가는 모양이 답답했다.

나는 타인의 눈에 비친 그림자에 얽매이지 않고 스스로 하고픈 게 많다.

"그대 가슴에서 뛰는 심장의 고동 소리가 멈출 때까지 그 무엇이든 늦지 않다. 삶은 엄숙한 것이다. 무덤이 목표가 아니다. 이제 일어나 뭐든 하라"고 롱펠로는 '생의 찬가'에서 나를 재촉한다.

"힘들지 않느냐" 물을 때 "If I rest, I rust." 세계적 테너 플라시도 도밍고의 귀한 말을 대신한다. 누워 있으면 시간도 아깝고 모든 기관도 녹이 슨다. 사람들은 열정이 넘친 것으로 말하지만 나는 마음에 솟구치는 호기심이 고개 숙일 줄 몰라 그를 쫓아오느라 늘 바빠 한가한 시간이 없어 전사(戰士)의 여정이었다.

내가 왔던 길은 호기심의 연장이다. 남의 눈에 띄지 않는 곳을 찾아 문제점을 발견해 시정 하기를 바라는 마음으로 기사를 쓰다 보면 밤을 지새운다. 남보다 더 뛰어 취재하다 보면 쉴 틈이 없다. 정의감에 불타는 호기심은 끝날 줄 모른다.

남들은 여전히 궁금해 묻지만 나는 호기심 따라 사느라 사서 고생을 많이 했다. 작은 상(傷)한 일도 일에 묻혀 일비일희(一悲一喜)하지 않아 감사한 일도 많았다. 나머지 삶도 그 리듬을 지킬 것이다.

거칠고 가시덤불의 구불구불한 그 좁은 길을 엄마가 아이를 달래듯 나 자신을 업고 늘 채찍질하며 용케 왔지만 그래도 그 과정이 행복했음을 감사를 드린다.

『수필문학』 2021. 11.

강 건너 불구경

2022년 2월 24일 러시아가 우크라이나를 불법 침공한 지 해를 넘기고 우크라이나의 모든 시설은 이미 초토화되어 폐허가 되었다. 인구의 반이 넘게 삶의 터전을 잃고 이웃나라에 천막 신세로 피난해 있다. 남자는 18세에서 60세까지 징병으로 항전을 하지만 여기저기 러시아군의 잔인한 폭악으로 시체가 널렸다. 천하보다 귀한 사람의 목숨이 무자비한 폭격으로 날마다 죽어 아내들은 피난길에서 남편의 죽음 소식에 통곡한다. 아빠를 잃은 수천 명의 아이들이 고아로 남는다. 고령의 노인들은 목숨만 남아 손자의 시신을 부여잡고 오열하고 있다. 어느 젊은 병사는 한 손에 총을 한 손에 아가를 담요로 싸 안고 전쟁에 임한다. 맡길 곳이 없는 이 젊은 병사, 사랑을 받으며 자라야 할 어린아이가 왜 러시아의 포탄에 죽어야 하는지. 우크라이나의 미래의 주인인 어린아이들이 세계의 어린이날에도 죽어간다. 수많은 비운의 가정을 양산하며 삶의 질서를 붕괴시키고 한쪽에서는 점령한 우크라이나 국민들을 러시아로 압송해 가는 납치까지 자행하고 있다.

러시아의 야만적인 탱크가 아니면 푸른 하늘 아래 드넓은 평야에서 보리와 밀의 싹이 파릇파릇 자라고 옥수수와 해바라기가 노란 얼굴로 익어 갈 그 넓은 평원에서 지구촌 사람들이 같이 먹을 갖가지 양식과 먹거리를 가꿔야 하는데 무자비한 탱크가 그 평원을 짓밟고 훑어 뭉개고 있는 참담한 광경을 보고 있다. 노랗게 익은 밀밭을 빨갛게 불태우는 잔인무도한 러시아군의 폭격. 지난해 농작물을 수확해 놓고 오데사 항구에 묶이고 그 곡물 창고와 해바라기유 창고까지 폭파해 버린 러시아. 무자비하게 끊어놓은 철도 때문에 못 나가는 우크라이나의 밀을 세계의 나라들이 기다린다. 그것으로 우리의 빵을 만들고 갖가지 식량이 되고 짐승들의 사료가 되는데 그걸 막아 지구촌의 열악한 나라는 굶어 죽고 턱없이 급등한 곡물가 때문에 아프리카 나라들은 아사자가 속출해 세계의 경제가 흔들리고 있다.

볼로디미르 젤렌스키 우크라이나 대통령은 전쟁 중에도 유럽연합(EU)을 시작으로 23개 국가에 화상으로 이 엄청난 참상을 호소하며 도움을 요청했다. 우리도 지난 3월 11일 24번째로 국회에서 절박한 화상 연설을 들었다.

다른 나라에서 연설을 할 때는 수상과 국회의원들이 다 같이 참여해 그의 절실한 심정을 같이 공감하고 경청하면서 기립박수를 한다. 캐나다, 영국도 기립박수로 호응했다. 일본도 500여 명이 넘는 의원들과 수상 각료들이 자리가 없어 서서 경청하며 그 간절한 호소에 귀 기울였다. 우리보다 아주 작은 섬나라 키프로스도 그 어려움을 같이 호응하는 자세로 침략을 당한 나라의 대통령에게 용기와 힘을 보탰다.

그러나 우리는 50여 명의 의원이 듬성듬성 앉아 그사이 핸드폰을 본다. 어떤 의원은 졸기까지 해 너무 무성의하고 결례되는 모습이 영상으로 전 세계 뉴스에 올라 우리의 체통이 말이 아니다. 의원들의 품격을 잃은 모습에 오히려 국민들이 민망하고 부끄러웠다.

지난 12월 21일 바이든 미 대통령은 삼엄한 경계 속에 젤렌스키 우크라이나 대통령을 초대했다. 미 전역에서 워싱턴 DC로 급히 돌아온 민주 공화당 의원들은 젤렌스키 대통령이 본 의회장에 도착하기 25분 전부터 서서 그를 기다렸다. 이어진 26분의 연설 동안 누구도 머리를 숙이고 휴대폰을 보거나 자리를 뜨지 않았다. 공화당 의원들은 바이든 정부가 기획한 젤렌스키 대통령의 방미가 못마땅해도 그의 말을 경청했다. "우크라이나는 살아있다"라는 발언에는 기립박수로 화답했다. 여야의 이견에도 안보 부문에서는 의견 일치를 보이며 20여 차례의 기립박수를 보낸 미국의 초당적 협력의 가치가 돋보였다.

나는 지난번 우리의 모습이 명백히 떠올랐다. 250명의 의원은 모두 어디를 갔을까. 북한의 김정은은 아침저녁으로 ICBM을 쏘고 최근에는 드론으로 우리 영공을 휘젓고 다닌 안보가 불안한

이때 의원들은 무엇을 생각하고 있을까. 안보가 무엇보다 시급할 때에 남의 집 불구경이나 먼 산 불구경하듯 보는 의원들이 걱정됐다. 우리는 머리 위에 미사일을 늘 이고 산다. 우리야말로 엄중하게 여기며 우크라이나의 처참한 몰골을 직시해야 한다.

국회의원들은 여러 가지 특혜에 취해 우리의 현실을 잊었는지 모른다. 이들은 젊어 6·25 세대가 아닌지 모르겠다. 73년 전 새벽 기습 남침으로 졸지에 국토가 전쟁터로 초토화된 무섭고 분한 그때를 어떻게 잊었는지. 피난 보따리를 이고 지고 갈 곳 없는 피난을 가다 자식을 잃고 나머지는 춥고 배고파 죽기보다 더 고통스러웠던 그때를 잊었단 말인가. 미국을 위시한 UN군의 도움이 없었다면 우리는 공산화되었을 것이다. 우리 국민은 한시도 잊지 않는데 어찌 300명의 국회의원이 그 절박함이 없을까. 이러한 돌발 사태에서 그 나라의 국격과 인간의 품격이 나온다. 풍전등화처럼 위태한 우크라이나. 동병상련 같은 뼈아픈 비극에 어찌 담담할 수 있을까.

외신기자들이 두고두고 묻는다. “한국은 왜 그리 무심했느냐”라고….

우리도 6·25전쟁 이후 1954년 전쟁을 치른 초라하고 가난한 나라 이승만 대통령이 미국의회에서 첫 연설을 했을 때 양원 의원 장관 대법관까지 의사당을 가득 채우고 기립박수를 포함해 33번의 박수를 보냈다고 기록되어 있다. 미국의 그 많은 젊은이들이 피를 흘려 지켜준 나라의 대통령이기 때문일까.

미국 정치인들의 자유와 민주주의를 사랑하는 열정적인 장면이 두고두고 회자되고 있다. '불굴의 자유 전사'라고 소개 받은 노(老) 대통령의 연설에 정중히 귀 기울여준 미국 정치인들이 지금도 한없이 고맙다. 그러한 미국인들의 품격이 바로 6·25전쟁의 위기에서 한국을 살려낸 것이다.

한국과 미국이 군사적 동맹관계를 약속한 '한미 상호방위조약'이 10월 1일로 체결 70주년을 맞는다. 6·25전쟁의 포화를 뚫고 맺은 한미동맹은 70년간 북한의 도발을 막고 우리는 자유와 평화를 누리며 번영의 토대가 되었다. 1960년대까지 미국이 한국에 제공한 군사원조는 매년 3억 달러에 달했다. 우리는 국방비에 쓸 돈으로 경제 발전에 매진한 덕에 전쟁으로 폐허가 된 초빈국에서 세계 10위권의 경제 대국과 군사 강국으로 성장했다.

이런 우리가 옛날 일을 다 잊고 말은 늘 빚을 갚아야 한다면서 절박하게 호소하는 침략 당한 나라의 대통령의 눈물을 강 건너 불 보듯 무심했다. 결코 강 건너 불이 아니다. 뭐라도 붙들고 나라와 국민을 지켜야 하는 그의 간절한 간청에 귀를 기울이지 못한 그 장면이 두고두고 미안하다.

2022. 12.『시사금융』(박지연의 시사파워)

가시고기의 사랑

지금까지 가부장제도 속에서 살아온 우리뿐 아니라 세계 전반에 걸쳐 부성 중심의 사회가 변화하고 있다. 심지어 지난 20세기는 신과 아버지를 죽인 세기였다는 말처럼 절대적인 아버지의 권위가 차차 쇠퇴해 가는 현상을 말하고 있다.

우리가 어렸던 몇십 년 전 아버지는 집안의 제왕이었다. 아버지를 뵙는 시간은 그리 많지 않아도 늘 조심스러워 야단을 맞을 일도 없이 군사부일체(君師父一體)라는 말처럼 하늘같이 존경하며 자랐다.

부성애의 상징으로는 가시고기를 들 수 있다. 아빠 가시고기는 엄마 가시고기가 수초에 알을 낳고 떠나가면 부화할 때까지 아빠 가시고기가 지킨다. 행여 다른 물고기의 먹이가 될까 잘 보살피고 더운 날에는 자기의 지느러미로 부채질을 해 산소를 공급해 주기도 한다. 아빠 가시고기는 새끼들이 알에서 깨어날 때까지 그동안 아무것도 먹지 않고 그 긴 시간을 돌보느라 자신은 서서히 죽어간다. 갓 부화한 새끼들은 죽은 아빠 가시고기를 먹으며 저 넓은 세상으로 헤엄쳐 나간다.

최근 들어 우리 한국의 아버지들이 가시고기가 되어간다. 한국의 아버지들은 어떤 대가를 치르더라도 내 아이들만큼은 경쟁에서 살아남게 해야겠다는 일념이 조기 유학으로 아내까지 모두 보낸다. 그들은 홀로 남아 힘든 경쟁 사회에서 버티며 그들의 생활비와 학비를 대느라 고생이 말이 아니다. 전업주부도 힘들다는 자잘한 가사와 홀로 식사를 해결하며 가족이 없는 텅 빈 집에서 그 외로움을 이기느라 분투하고 있다. 결국 갖가지 고통을 견디지 못하고 자살한 기러기 아빠도 나왔다. 이러한 기러기 아빠들의 정신적 방황을 정신과에서는 '빈 둥지 증후군'이라 하여 아이들을 떠나보낼 때 아버지가 더 큰 심리적 갈등을 겪는다고 한다. 독일의 교육학지도 보고한 바 있다.

기어이 캐나다에서 기러기 아빠의 비극이 일어났다. 유학하고 있는 아들이 학교는 가지 않아 성적은 떨어지고 엄마에게 대드는 걱정스러운 지경에 이르렀다. 실망한 아빠는 캐나다에 건너가 매를 들었다. 모두 귀국시키려 했지만 한 번만 더 기회를 달라는 말을 믿고 돌아왔다. 하지만 여전히 반복되는 일로 다시 건너가 또 매를 들었다. 아들의 등교로 교사가 알게 되고 결국 아빠는 경찰에 체포되어 6개월의 징역을 구형받았다. 그러나 한국에서는 자녀를 '사랑의 매'로 다스린다는 많은 변호(辯護)를 듣고 정상을 참작해 아동학대 구호 기관에 2천5백 달러를 기부하고 현지 신문에 '사랑의 매'에 대한 주제로 기고할 것들의 의무를 부과받고 나왔다.

우리는 아이들이 심하게 잘못했을 때 회초리로 다스린다. 이것을 '사랑의 매'라 한다. 인사동 민속품을 파는 가게에는 사랑의 매가 많이 걸려 있다. 한국의 엄한 가정에서는 사랑의 매를 시렁 위에 얹어 놓거나 못에 걸어 두었다. 이것은 보기만 해도 위협적이어서 매를 맞지 않고도 사랑의 매는 충분한 효과가 있었다. 흔히 쓰는 말 중에 '지도편달(指導鞭撻) 바랍니다'라는 말은 회초리로 종아리를 맞아도 배우겠다는 의미가 있다. 조선시대의 학자 율곡이 쓴 『학교모범(學校模範)』의 책에는 처음 잘못했을 때 회초리로 종아리를 때리고 두 번째 잘못했을 때는 사람이 보는 앞에서 꾸짖고 세 번 잘못했을 때는 출세에 지장을 받는 '악적'에 기록했다. 과거 시험에 쓰이던 삼십절초(三十折楚), 오십절초(五十折楚)의 문장도 체벌에서 유래했다. 30자루나 50자루의 회초리가 꺾이고서야 뛰어난 글이라는 뜻이다. 이렇듯 우리는 사랑의 매에 익숙해 있다.

체벌도 나라마다 다르다. 영국이나 미국은 대개 볼기를 때리고 프랑스 등 라틴계는 귀나 코를 잡아끌어 올리고 아프리카는 등을, 힌두 문화권은 이마를, 일본은 손바닥을, 우리와 중국은 종아리를 체벌한다. 이 기러기 아빠는 자기의 희생만큼 미치지 못한 것을 실망한 나머지 조금은 이성을 잃었을까. 한국에서 홀로 있으면서 받은 갖가지 스트레스와 분통 터지는 일까지 얹어졌을까. 평소에 어떤 방법으로든 아이의 불편과 기쁨까지도 공유하여 거리를 좁혀야 했다. 조금은 심한 매가 역효과를 내고 말았다.

이 부모는 충격으로 병이 나고 매를 맞았다 하여 고발한 아들을 보면서 한국의 전통적 부자간의 윤리가 무너짐을 보았다. 기본 윤리를 상실한 그들이 유학을 하고 학문을 닦은들 무슨 가치가 있을까. 한국의 맞벌이 부부의 가정에 그만한 또래들은 설거지와 청소 등 애쓰는 어머니를 돕는 아이들이 많다. 내가 취재한 아이들은 말한다. "그 좋은 교육환경에서 맞아 싸다"라고 한다. 한 해 15만 명이나 조기 유학을 떠나는데 그들이 왜 남의 나라에서 공부하는지, 생각을 깊이 하고 자기를 통제할 줄 알며 주눅들지 않고 당당하게 사는 법을 먼저 가르쳐야 될 것 같다.

그 소식은 워싱턴 포스트를 위시해 국제적 뉴스가 되었다. 세계가 무섭게 변하고 국제적 왕래가 빈번하여 다민족과 어울려 살려면 문화적 차이로 야기되는 갈등이 일어나지 않도록 조심하는 일이 이제 뚜렷해졌다. 남의 나라에서 집안의 일로 망신을 당하는 일, 우리 집 안방에서 하던 그대로 하는 일은 곤란해졌다.

그러나 자식을 키워 본 사람은 안다. 그로 인한 기러기 아빠의 고통은 얼마나 컸을까. 눈물을 보이지 않는 것이 한국의 아버지라 했으나 남성은 약하고 아버지는 덧없이 나약해 가는 게 요즘 세상이다. 꿈을 가지고 고생을 참아낸 그 아빠가 자신감을 잃고 좌절에 빠질까 염려된다. 남성이 큰소리치고 힘이 있어 보이지만 자신감을 잃어가는 부성, 많은 아버지의 정신 건강을 새로운 연구와 대책으로 그들의 고독을 다스려야 할 때가 왔다.

한편 기러기 아빠뿐 아니라 요즘 트렌드는 우리들의 아빠상으로 '엄부자모'보다는 자부의 아버지로 변해야 할 것 같다. 국가와 사회에서 주역으로 봉사하는 부성들이 흔들리지 말아야 한다. 부성의 사랑을 남김없이 주고 죽어간 아빠 가시고기의 사랑을 자식들은 얼마나 알까. 우리 기러기 아빠의 사랑이 눈물겹다.

2009. 1.『경북신문』

호국정신(護國精神)

이번 글 제목은 자화상이다. 자화상을 생각하니 호국정신이 먼저 떠오른다. 호국정신은 내 뇌리에는 늘 내재된 말이다. 나는 이 정신을 새기며 성장했다. 나라가 망한 비통한 모습을 초등학교 때 '유관순' 영화를 보고서 가슴 뜨겁게 자리 잡았다. 재암리 장터에서 만세 부르는 사람들을 탄압하고 교회에서 예배드리는 교인들을 문을 잠그고 불태워 죽인 일본 경찰들의 폭거와 참혹한 장면을 뇌리에서 지울 수가 없었다. 이게 나라 없는 설움이란 것을 어린 가슴에도 사무쳤다.

그 지긋지긋한 일본의 손에서 해방된 지 5년도 채 안 되고 나라를 수립한 지 2년도 되기 전에 난데없이 북한의 남침으로 난리를 만났다. 우리들의 삶이 혼란에 빠져 어린 우리는 부모님 따라 시골로 피난을 갔지만 나라는 졸지에 전쟁터가 되었다. 미국의 트루먼 대통령은 유엔의 안보리를 신속히 소집해 국군과 미군을 중심으로 유엔의 16개국 군인이 어려운 전쟁을 수행했다. 낙동강까지 밀린 전세를 맥아더 장군의 인천 상륙작전 성공으로 서울을 수복하고 압록강까지 진격해 통일이 곧 오는 듯 우리는 피난에서 집으로 돌아왔다. 그러나 그도 잠시 김일성의 요청으로 중공군이 인해전술(人海戰術)을 앞세워 다시 반격, 우리는 다시 1·4 후퇴라는 피난을 가야 할 때 전세가 소강 사태로 지속되었다.

전쟁으로 산업이 무너지고 농사도 3년을 못 지었다. 조국의 산야는 초토화되었다. 1953년 7월 27일 종전이 아닌 정전협정이 체결되면서 총소리는 멈췄지만 겨울이 닥치면 추위에 떨고 폐허가 된 도시에 뼈대만 남은 건물은 흉물스러워 어디에도 희망이 보이지 않는 가난뿐 속수무책이었다. 미국과 세계의 여러 나라에서 구호품으로 연명했을 때 그 은혜를 꼭 잊지 말자고 다짐하며 하루하루를 버텼다. 다행히 우리는 아버님이 공무원이시라 조금은 수월했지만 우리 국민 모두는 가난이 평준화되었다.

이 어려운 난리 속에서도 어디에 숨었다 살았는지 흩어졌던 친구들이 학교에 하나둘 모여들어 천막이지만 공부를 이어 나가는 것이 반갑고 고맙기만 했다. 우리는 학교에 오면 손을 들고 '반공!'을 외치며 공산당을 무찌르자고 다짐하며 수업에 들어갔다. 그때 학도호국단이 결성되어 일사불란(一絲不亂)한 군사훈련을 받았다. 학년이 오를수록 훈련 시간도 늘어났다. 선배들이 졸업하자 그 연대의 책임을 임명 받은 나는 학도호국단 연대장으로 남다른 각오와 정신무장으로 지휘봉을 휘두르며 구국정신에 불

타오르며 패기가 만만했다. 마치 영국군에게 빼앗긴 영토를 탈환하기 위해 전쟁에 뛰어든 프랑스의 잔 다르크처럼 자기는 잡혀 화형을 당했지만 프랑스군에게 용기와 단합을 가르쳐 준 100년 전쟁의 꽃 잔 다르크의 구국정신을 본받고 싶었다. 얼마 전 오랜만에 그 무렵 사진을 보았다. 왼팔에 연대장이라는 완장을 차고 좌우에 부관 둘과 같이 교관 선생님을 모시고 간부들이 찍은 사진이었다. 이렇게 길러지고 다져진 호국정신은 평생 나를 지배했다.

한국은행에서 근무하며 한국경제와 통화정책 물가안정 외환관리까지 중앙은행이 수행해야 할 일은 탱크 못지않게 국가 존립의 중심이라는 냉혹한 사명을 직시했다. 주로 국고를 담당해 국가의 곳간이 얼마나 소중한가, 시중의 화폐와 동전이 얼마나 많은 재원으로 만들어 유통하는지, 국가의 자산을 관리하는 자부심도 컸다.

그 후 신문사에 입사했다. 정의와 공정을 앞세운 나는 신문기자였다. 후미진 곳과 남들이 무관심한 것을 취재해 기사화는 물론 KBS 기자 리포터로 오랫동안 방송으로 늘 분주한 생활을 했다. 그러나 언제나 4월이면 도지는 아픔이 있었다.

4월의 부활

무지의 무리들/ 십자가에 못 박은 유대인/ 죽었다 다시 살아
사랑과 용서 평화로/ 4월이면 부활의 절정을 이루는 예수

1960년 4월 19일/ 부정선거 앞에 기치를 든 어린 영혼

경무대 거리 낭자한 피 강물로 흐르고/ 이 땅의 불의를 몰아낸 씨/ 민주주의 꽃이 피었다

1차대전 탐욕의 유럽 땅/ 패권 앞 무기력한 목숨
잔혹한 황무지 땅에서/ 에리엇의 양심이 외칠 때/ 4월의 라이락은 해마다 피었다

팽목항 바다에 수장한 304 꽃송이/ 그리운 이름 생떼 같은 아들딸들아/ 언 땅 깨운 봄비는 꽃을 피워도/ 맹골 물길 파도는 높기만/ 부활이 없는 4월은 언제나 아프다

나는 내 주변 이야기를 쓰기에는 시간이 없다. 부지런히 후대들에게 알려야 할 사연이 많다. 일본에게 짓밟힌 여인들의 분노를 쓴 「환향녀의 눈물 1·2」 남의 나라 전쟁에 끌려간 억울한 목숨 「오키나와 리포트 1·2」 패전국 일본은 과거사를 부정하고 망언만 쏟아내 혐한 감정을 부추기는 반성 없는 나라, 이를 성토하는 칼럼 「세계인의 조건, 패배자의 무대, 후쿠다 내각에 거는 기대, 하도야마 총리의 사죄, 샌프란시스코 강화조약, 오키나와 전투 1·2, 우리의 기백 태극기」 등 일본이 말살하려는 태극기 무궁화의 보전으로 우리의 기상이 다시 산 이야기 등 자손에게 알려야 할 내용이다. 역사의 죄인 북한은 70여 년이 지나도 아직도 반성은커녕 핵으로 위협한다.

「잊혀진 전쟁 1·2」 「Come back home」 '북·미 제2차 회담'으로 미국에 송환되는 유해, 미국에 어린 형제를 두고 온 젊은 아

빠가 험한 산골짜기에서 산화한 병사의 이야기, 눈 쌓인 산골짜기에 엎딘 흑인 병사의 간절한 기도 「Give me tomorrow」 너무나 미안한 우리는 많은 빚을 진 나라다.

뉴욕 헤럴드 트리뷴지의 마거리트 히긴스(Marguerite Higgins) 종군기자의 활약상을 그린 「히긴스의 기자 정신」. 더글러스 맥아더(Douglas MacAthus) 연합군 사령관의 인천 상륙작전, 7만여 명의 병력이 동원된 함정에 동승해 유탄과 포탄이 빗발치는 전투현장을 뚫고 실시간으로 실상을 전 세계에 타전한 히긴스 기자, 맞서 싸워야 하는 당위성을 역설한 히긴스 기자는 귀국해서도 『한국에서의 전쟁(War in Korea)』으로 퓰리처상까지 받고 모금 운동으로 한국을 도왔다. 이 능력과 정의에 불탄 히긴스 기자의 숨은 이야기를 쓰는 것은 나의 가장 보람된 일이다. 우아하고 매력적인 히긴스, 존경하는 그는 우리 국민이 모두 잊어서는 안 되는 위대한 미국인이기 때문이다.

내가 비록 총을 들지 못했지만 조국의 영광과 시련을 같이 한 사람으로 후대에게 남기고 싶은 이야기를 나라 사랑하는 마음으로 전하고 싶어 많이 쓰다 보니 '문(文)은 인(人)이다.' 하는 말처럼 내가 너무 드러나 부끄럽다. 우리는 주변 강대국의 어려움을 당당히 이기고 같은 비극을 반복하지 않기 위해 호국정신으로 무장하며 살아왔다.

역사를 잊은 민족이 되지 말아야 하기 때문이다.

2020. 6. 『계간문예』 상상탐구

절망의 계절에

어느 외국인이 말했다.

"한국인은 배고픈 것은 참아도 자존심이 짓밟히고는 못 산다."

왜군에 짓밟힌 때도 목숨을 바쳐 항거한 선조들, 왜장에게 정면으로 총을 겨눈 안중근 윤봉길 이봉창 그 외 많은 선열들이 의연한 목숨을 내놓았다.

이번에 우리의 자존심은 찢겨졌다. 이 엄청나고 충격적인 국정 농단 사건은 외세도 아니다. 국민의 뜻을 모아 통치 권력을 부여받은 통치권자가 권력을 사유화하여 공사를 구별하지 못하고 엄연한 법을 어기며 운영해 오며 불의를 저질러 사회질서를 붕괴시켰다. 이는 통치자의 분별력 없고 철없는 잘못이 결국 나라의 품격을 실추시킨 잘못이다. 해외 뉴스에 실시간마다 조롱거리가 되어 대한민국의 우리가 어떻게 얼굴을 들 수 있겠는가. 우리가 믿고 우리 손으로 뽑은 그에게 국민은 배신감과 분노를 참을 수 없다. 사사로운 비선에 얼이 빠져 국민의 소리를 도무지 듣지 않는 통치를 계속하다 결국 이 지경에 이르렀다.

약속도 지키지 않고 마지막 자존심이라도 이제 챙겨야 모든 뒤처리가 수월할 텐데 무작정 버티기는 끝까지 추한 모습을 보인다. 1960년 3·15 부정선거로 촉발된 4·19 때도 중고생을 비롯해 대학생 교수들이 거리에 나와 정의를 외치다 진압의 총에 희생되어 경무대 앞에 피가 낭자할 때 더는 학생들의 피를 보이지 않으려 독재자였지만 이승만 대통령의 결단은 하야로 피의 종식이 되었다.

"일말의 애국심이 있다면 점점 추워지는 날씨에 결단을 내려라. 어른들이 못한 일을 학생들이 바로 잡겠다고 거리에 나서는 모습을 똑바로 보라. 내가 선택한 대통령이기 때문에 죄책감이 더 크다."는 젊은 엄마, 수능을 앞둔 학생들은 "공부를 더 하면 뭐 하냐, 제대로 대학도 못 갈 텐데 나라나 구하자"라며 책가방을 든 채 촛불을 높이고 "OUT"을 외친다.

전국 대학생들이 동맹으로 수업을 보이콧하고 거리에 나서야 되겠는가. 그들을 아끼는 마음이 있다면 무너지고 멈춘 경제 속에서 버스를 대절하고 서울로 집결하는 국가적 손실을 생각한다면 초심으로 돌아가 애국심을 보이라고 외친다.

어른들은 고개를 들 수 없다. 부끄럽고 미안해서 너무 화가 나서 일손이 잡히지 않는다.

족벌정치(族閥政治)의 피해는 민주주의 역사가 짧은 아시아나

남미의 적폐 중 하나다. 부녀(父女) 대통령, 부부 총리, 모자 대통령 등 독재를 하다가 민주화가 되어도 바로 세습 정권이 이어져 사회의 불안을 낳고 그 피해를 가져온다. 필리핀이 대표적인 나라다. 우리보다 훨씬 잘 살았지만 정권마다 불안해 경제적 성장을 보지 못하고 족벌정치의 피해로 지금도 못 살고 있다.

미국도 족벌정치를 간간이 볼 수 있다. 우선 부시 가문을 보았고 클린턴도 이번 대통령 선거에 도전했으나 대개의 국민들은 족벌정치를 원하지 않는다.

트럼프의 막말에 외면한 국민들도 신선하지 않는 기성정치인의 낡은 이미지에 염증을 일으켜 결국 낙마했다는 후문이 무성하다.

인간은 어릴 때 성장 과정이 평생을 지배한다고 한다. 자라면서 어려움도 겪고 고통스러움도 참을 줄 알고 아픈 것을 몸소 겪으며 인내심도 길러 친구들도 돌보고 남의 말도 귀담아 들을 줄 아는 폭넓은 체험을 통해 성장하면서 인성이 성숙해지고 인격체를 갖추게 된다. 더구나 나라의 통치권자가 되었을 때는 더욱 겸손하여 국민의 소리에 귀를 기울이고 각료와 촘촘히 소통하며 국사를 원활히 해결하는 지혜를 모으는 게 정상이다. 하지만 몇몇 비선이나 숨겨 놓은 사사로운 외부인을 전적으로 신뢰하고 법을 어기는 것조차 모르며 회유당한 일이 온 국민을 너무나 놀라게 했다.

Seeing is learning. 영어에는 이런 말이 있다.

바로 사람은 본 대로 배운다는 뜻이다. 교육은 백년대계라고 우리는 어릴 때부터 부모님의 하나하나의 모습에서 배운다. 형제들과 다투다가도 친해져 피의 진함도 배운다. 그리고 분별력을 기르고 반듯하게 성장한다.

지금 학생들은 무엇을 보고 배울까.

사람은 누구나 완벽하지 않아 잘못을 할 수 있다. 그러나 그것을 바로 깨닫고 인정하고 용서를 비는 과정에서 다시 새롭게 시작한다고 배웠다. 어른들의 말이, 교과서의 답이 영(令)이 서지 않는 혼란스러운 지경을 끌고 가는지. 아이들에게만은 바르게 보여주자. 그들은 본 대로 배운다. 이들은 밤낮을 모르고 공부를 해서 원하는 대학에 가서 학문을 닦고 사회에 기여하는 사람들이 되고 싶은 게 꿈이다. 이들에게서 꿈을 빼앗아 가지 말자. 이 경쟁 사회에서 살아남기 위해 졸리는 눈을 비비며 아침도 거르고 뛰고 뛰며 학교생활을 충실히 하는 우리 학생들이 나라의 희망이다.

주말마다 열리는 촛불집회에 눈에 띄는 중고등학생들이 교복을 입은 채 책가방도 집에 놓지 않고 광화문에 뛰어와 '대통령 퇴장' 피켓을 들고 이들이 왜 시국선언을 해야 하는지. 어른들의 잘못으로 아이들이 고생한다. 4·19혁명 때도 그랬고 1980년 5·18 민주화운동 때도 고등학생들이 봉기하다 계엄군의 총에 죽어갔다. 1987년 6월 항쟁 때도 청소년들이 힘을 보탰다. 그들은 말한다.

“우리가 배운 민주주의는 어디를 갔느냐”고 외친다.

“대통령은 왜 법을 어깁니까.”

“이런 나라에서 공부를 해도 희망이 없는데 어찌하란 말입니까.” 그들의 말이 하나도 틀리지 않는다. 그들의 시대정신에 답이 궁색해졌다. 우리 어른들은 미안하기 그지없다. 아이들 보기가 부끄럽다. 미국에도 없는 여자 대통령이 되었다고 세계 만방에 자랑스러워했던 우리의 자존심은 어찌하라고 이렇게 처참히 무너지는가. 웃음거리로 비아냥을 받고 코미디 프로에서 조롱거림을 받아야 하는지. 여학생들은 꿈이 있었다. 나도 대통령이 되기 위해 더욱 열심히 하겠다는 그 희망의 싹을 짓밟은 대통령의 잘못을 용서할 수 없다.

이 절망의 계절에 어느덧 그 곱던 나뭇잎들이 속절없이 땅에 뒹굴고 있다. 고개를 들어 하늘을 본다. 다시 정신을 차린다. 사람은 법을 지켜야 하고 그 법대로 바르고 반듯하게 사회를 이루며 사는 게 정의사회라고 가르쳐 준다. 날마다 고생하는 검찰과 경찰, 언론, 많은 시민들의 함성이 결코 헛되지 않으리. 바로 바른 나라를 다시 세우기 위해 정신을 차려야 한다.

2016. 11. 『시사금융』(박지연의 시사파워)

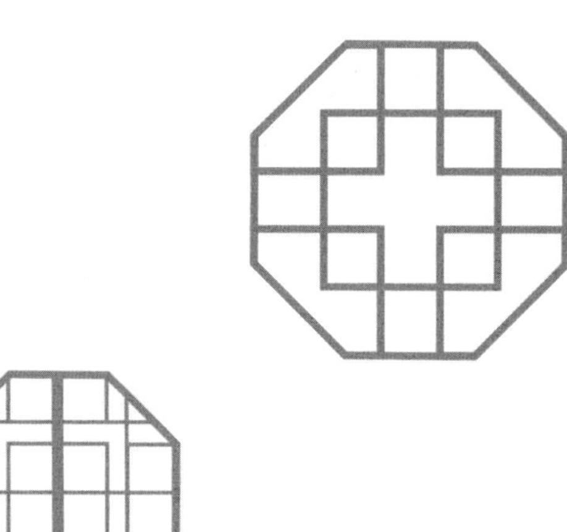
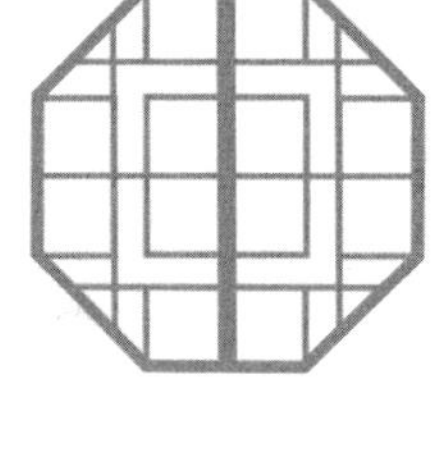
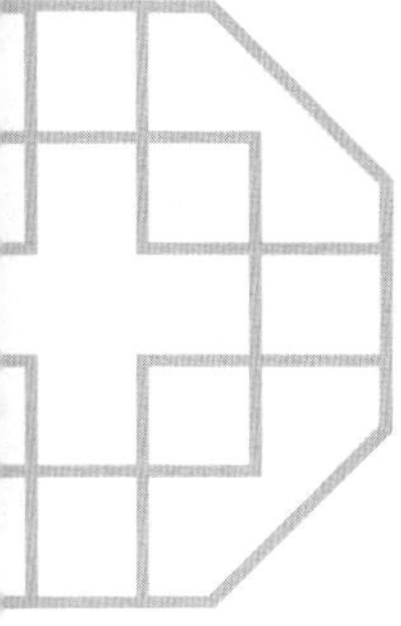

3

랜드마크

나는 수필을 어떻게 쓰고 있나

'수필을 어떻게 쓰고 있나' 원고 청탁이다. 여러 작가들의 글을 읽으며 많은 것을 배우고 깨닫기도 한다. 나는 그동안 주변 이야기나 가족 이야기를 그리 많이 쓰질 못했다. 그러나 한국은행 재직 시 몸에 배인 본능적 감각으로 어려운 나라 경제를 볼 때마다 눈 감을 수 없어 깊이 파고 들었다.

방송국과 신문사 기자 생활의 특성상 체질화된 나는 사건을 놓치지 않으려고 몸으로 취재하고 철저한 메모를 통해 남의 눈에 띄지 않는 후미진 곳에 시선과 관심을 가졌다. 밤을 하얗게 지새우고 열정을 쏟으며, IMF 시절의 시련과 글로벌경제위기를 다룬 경제 에세이집 『1달러의 발견』을 냈다.

신문에 연재한 '화폐 이야기' 시리즈를 담고 유럽 남미 등 경제 위기 극복의 이야기와 세계 신용의 상징 스위스은행의 명암, 전후 독일의 초인플레이션에서 '라인강의 기적'을 이룬 눈물 나는 이야기, 포퓰리즘에 빠진 아르헨티나의 퍼스트레이디 아바타 에바 페론을 상기하고 스토리텔링의 명수, '해리포터' 시리즈의 성공으로 자산 10억 달러를 달성한 영국 작가 조앤 롤링의 이야기도 썼다. 생텍쥐페리의 50프랑, 홍례문을 건립하며 가난한 민초들의 눈물도 봤다. 반 고흐의 나라 네덜란드의 화폐 굴덴에 얽힌 이야기도 담았다.

유럽은 세계 제1, 2차대전을 통해 서로 적대시하다 다 망하고 폐허 속에서 경제를 살려야 하는 당면한 문제가 많았다. 이제 싸우지 말자고 1990년부터 유럽연합(유로)이 탄생하며 경제 지도가 달라졌다. 우리나라의 자랑스러운 조폐공사의 기술력으로 외국의 화폐를 발행해 외화를 버는 것도 알리고 싶었다.

"우리가 역사를 바꿀 수는 없지만 가장 수치스러운 것으로부터 많은 것을 배웠다."라고 게르하르트 슈뢰더 서독 총리는 나치 독일의 만행을 기회 있을 때마다 사죄하며 1952년부터 지금까지 700억 달러(약 79조 원)를 피해 입은 유대인에게 보상하고 10억 달러를 더 보상했다. 그러나 패전국 일본은 75년이 넘었는데도 망언만 쏟아내고 위안부 문제와 강제 징용의 내법원 판결을 핑계 삼아 아베 총리는 2019년 7월 경제 보복을 가했다. 교과서에 왜곡된 역사를 가르치고 선진국 대열에서 경제뿐 아니라 모든 분야에서 이미 후퇴를 자초하고 있는 일본을 우리는 알아야 했다.

우리는 바른 역사를 후손에게 끊임없이 가르쳐야 바른 정체성이 우뚝 선다. 그 일을 우리는 어떤 방법으로라도 글을 써 역사의 증인이 되어야 한다. 『세계인의 조건』이란 시사 에세이를 출간했다. 이 안에는 기업이 장래가 유망한 인재를 기르는 메세나 이야기, 우리처럼 식민지로 압박당한 유럽 변방의 아일랜드의 엑소더스, 미 최고의 도시 디트로이트의 몰락의 의미, 러시아의 문호 도스토옙스키의 『죄와 벌』을 통해 본 '저당물'의 시각차를 다뤘다.

이전 시대 청나라 장군 원세개가 끌고 온 무뢰한들이 우리의 가난한 사람들을 돈놀이로 착취하고 일본인들의 자본이 우리에게 어린 딸들을 인신 저당물로 삼은 호 각시, 왜 각시의 비극을 분노하며 썼다. 샌프란시스코 조약의 오류로 지금까지 제 땅이라 우기는 일본, 독도를 바르게 알려야 한다. 드디어 2011년은 무역 1조 달러 달성해 환호했다. 2008년 리먼 사태로 글로벌 위기가 아직 남아 유럽의 남 오랜지 국가들이 재정적자에 시달리는데 우린 금융위기를 벗어나 대단했다. 외교의 결기와 딜레마 등 정치 경제 사회에서 작가의 눈으로 놓칠 수 없고 묻히기 쉬운 것을 찾아 시사 에세이에 모두 담았다.

지금은 잊었을까. 국가의 부도 위기를 맞은 23년 전 외화가 바닥이나 급하게 국제통화기금에 구제금융을 받기 위해 손을 벌려 우리의 자존심에 상처를 주었던 1997년 11월 21일을 우리는 경제국치일이라 하여 결코 잊을 수 없는 날이 되었다.

OECD에 가입하고 축배를 든 지 1년이 안 되어 치욕의 나락으로 떨어졌던 때를 기억할까. 외환위기는 외화의 유동성 부족과

정부의 환율 관리의 실패에서 비롯되고 대기업의 과다하고 무분별한 차입의 팽창으로 인한 방만한 경영에도 원인이 있었다.

기업이 줄도산으로 한 달에 3000개 이상 무너졌다. 대출한 돈이 돌아오지 않아 은행도 같이 무너지고 예금주는 천금 같은 돈을 잃고 발을 동동 굴렀다. 1997년의 겨울은 혹독하게 추웠다. 공장의 굴뚝이 연기를 뿜지 못하고 서울역에는 매운 찬바람에 회사에서 밀려난 노동자들이 초라한 보따리를 들고 고향의 혈육을 찾아가는 고개 숙인 행렬이 길었다.

거리에는 일자리를 잃은 사람들이 쏟아져 나왔다. 그 얼굴에는 희망이 보이질 않고 절망의 눈망울은 빛을 잃어 어두웠다. 나라 안이 비상사태가 되어 가진 자도 자랑할 일이 아니고 모두 검소한 패턴으로 달라졌다. 겨울에 입으려던 고가의 밍크코트는 꺼내지도 못하고 간혹 눈치 없고 철없는 여인이 입고 나오면 불총 맞기 일쑤였다. 주부들은 고가의 반지도 손가락에서 빼어놓았다. 아이들의 과외비를 줄이고 뭐든 중단하고 긴축가계를 꾸렸다. 젊은이들은 결혼까지 미뤘다. 이러한 아픈 시절을 견딘 일을 묻고 덮을 수 없다.

그때 천정부지로 치솟는 미국 달러는 달러당 900원 하던 게 1962원으로 두 배를 넘자 유학비를 견디다 못한 아이들을 모두 귀국시켜 미국 대학들은 등록금을 대출해 주겠다는 제안도 내놓았다. 나라가 살아야 국민도 있다는 절박한 애국심은 금 모으기로 장농에 감춘 금비녀, 손가락에 낀 반지, 어르신 옷 단추, 돌

반지까지 보탰다. 정부도 외자유치를 성공적으로 해내 빠른 시일 안에 굴레를 벗었다.

외환위기가 준 아픔은 가혹했지만 기존 시스템과 구조는 다 무너지고 우리가 익숙치 않은 '글로벌 스탠다드'가 자리를 잡았다. 그간 믿어 왔던 신화는 무참히 깨졌다. 30대 기업도 반 이상 공중분해 되고 지명도 높은 은행들이 외국자본에 헐값으로 넘어가 빈껍데기만 남았다. 그러나 아픈 만큼 성장해 경제기반이 단단해졌다.

이를 익혀야 다시는 과오나 실수를 줄이고 없앤다. 지금 보유 외환도 4,097억 달러로 세계 9위다. 세계가 하루 생활권이 된 IT 시대에 나는 시각을 더 넓혀 우리가 배우고 전해야 할 소재를 찾아 후손에게 바로 전하고 싶은 욕구가 용솟음치고 있다.

내 수필의 방향은 바로 역사와 사회를 바로 보는 데서 시작된다.

2021. 7. 한국문인협회 수필분과 발행

랜드마크(Land mark)

랜드마크는 경제용어라 할 수 있다. 일반적으로 국가나 도시, 특정 지역에서 대표되는 시설이나 건축물과 조형물을 말할 때 쓰인다. 사람들은 그곳을 호기심으로 많이 찾기 때문에 자연히 경제적으로 막대한 효과를 낸다. 그 이미지를 발전시키면 가치는 실로 무한대로 확장되기 때문에 나라마다 그 시선을 잡기 위해 경쟁적이다.

세상이 복잡해지고 다양해지면서 계층 간 차별과 소득 격차에서 오는 불평등은 언제나 사회를 병들게 한다.

작가는 양심의 눈으로 문제를 제기하고 사회 부조리를 고발한다. 긴 이야기로 설득하기도 하고 때로는 조근조근 속삭이듯 달래기도 하지만 열변을 토하고 목소리를 높여 에세이로 개탄하기도 한다. 문학은 작가 혼자 쓰지만 사회는 알게 모르게 이에 호응하며 치유되는 기능이 있다. 사람들은 고난을 겪지만 나 대신 아파해 주는 그 작가를 열광한다.

작가 빅토르 위고의 「노트르담의 꼽추」의 배경으로 유명해져 영화까지 한층 대인기를 끌었던 화제의 노트르담의 대성당이 지난 4월 15일 밤 화마에 아깝게 무너졌다.

1991년 세계유산으로 등재된 이 성당은 850년이 넘은 고딕 양식의 대 걸작이다. 이를 보고 싶어 한 해 그 많은 세계인이 꼽추가 지키던 성당에 온다. 이곳에 문학의 꽃이 열매를 맺어 어려운 프랑스 경제에 큰 보탬이 되어 왔다. 빅토르 위고는 인간의 보편적인 진실한 사랑을 이야기했지만 우리에게 큰 감동을 선사해 그 성당을 보지 않고는 못 견디게 하는 마력이 있다. 여기에 위고의 꽃이 열매를 맺어 경제적 가치는 엄청나, 자타가 인정하는 프랑스의 랜드마크가 되었다.

프랑스의 에펠탑의 가치가 4346억 유로(약 576조 원)에 이른다는 분석으로 보면 어려운 프랑스의 경제에 큰 수입이 됨은 물론이다. 1887년 착공 당시에는 흉물스러워 아름다운 파리를 해친다는 반대 여론이었지만 지금은 프랑스의 대표적 랜드마크요, 파리의 상징물이 되어 세계인이 모여들어 경제적 가치는 엄청나다.

뉴욕 맨해튼의 스카이라인은 각양각색의 마천루가 장관이다. 1931년 완공된 엠파이어 스테이트 빌딩은 지금도 세계에서 찾아온 인파로 법석인다. 뉴욕의 랜드마크는 너무 많아 짧은 일정으로는 소화를 못해 걸어 다닐 수 없을 만큼 대만원으로 달러가 매일 쏟아진다.

그중에서도 2001년 9월 11일 3000여 명을 희생시킨 무역센터의 자리에 세워진 추모 박물관과 추모공원은 비행기를 탑승할 때처럼 검색을 하지만 역사의 현장에서 주는 강하고 경건한 메시지를 음미하기 위해 인파가 모여들어 이제 뉴욕의 랜드마크가 되었다. 요즘 허드슨 야드의 재개발 프로젝트는 민간 사업비 250억 달러(약 28조 4000억 원)를 투입해 2025년에 새로운 마천루 베슬(Vessel)이 완공되면 5만 5천여 명의 일자리가 생긴다니 단연 경쟁력 강한 역사상 가장 성공한 복합문화공간이 되어 뉴욕의 새로운 랜드마크의 순위가 바뀔 것이다.

주마다 특색 있는 주제로 경제가 뜨는 랜드마크가 많다. 통기타 하나로 모여드는 테네시주 내슈빌은 컨트리 송의 고장이라 가수 지망생들이 꾸역꾸역 모여들어 도시는 생음악으로 넘치고 사람도 북적인다. 신호를 기다리며 거리에서 누구라도 어깨와 엉덩이를 흔들며 들려오는 리듬에 도시는 술렁인다. 이 낙천적인 곳은 뭐라 해도 컨트리 송이 랜드마크다. 테네시 월즈 등 귀에 익은 멜로디가 정겹다. 여기서 히트를 치면 순식간에 세계를 정복하는 그 매력에 모두 환호한다.

뭐니 해도 미국 문학의 랜드마크는 헤밍웨이다. 미국의 자랑 노벨문학상에 빛나는 어니스트 헤밍웨이(Ernest Miller Hemingway)의 발자취를 보기 위해 오하이오주 콜럼버스에서 조지아주 애틀랜타를 거쳐 플로리다주 최남단 키웨스트(Key west)에 도착했다. 1월의 두꺼운 옷을 벗고 카리브해에서 불어오는 싱그러운 바람으로 온몸이 가볍다.

헤밍웨이는 제1차 세계대전과 스페인 내전, 제2차 세계대전에 군인과 종군기자로 참전한 생생한 체험으로 스페인 집에서 집필을 했다. 또 키웨스트에서 90마일 거리인 카리브해의 진주, 쿠바의 아바나에서도 낚시를 즐기며 글을 썼다.

「노인과 바다」는 실제 현장에서 나이 든 어부의 일화를 모티브 삼았다. 그가 바다로 나가기 전 커피 한 잔으로 속을 달래던 그 카페가 지금도 추억의 헤밍웨이 자취를 찾는 많은 관광객의 발길로 붐비고 있다. 1930년대 미국과의 관계가 나빠지면서 그는 쿠바를 떠나 키웨스트에 가장 큰 저택을 짓고 정착했다. 집필실마다 작품과의 이야기가 가득한 사진들이 그의 폭넓은 생활을 말하며 글에 녹아 있다.

「무기여 잘 있거라」「누구를 위하여 종을 울리나」 그의 굵직한 작품들이 많다. 「바다와 노인」으로 1953년 퓰리처상과 1954년 노벨문학상을 수상한 그도 집필하다 힘이 들면 바로 가끼운 거리의 Slopy joe's를 찾았다. 그는 가고 없지만 헤밍웨이를 그리워하는 팬들이 마치 그를 만나기라도 하듯 찾아들어 이 카페는 여전히 성업 중이다. 나도 주스 한 잔에 사진을 찍으며 그의 분위기를 떠올렸다. 그의 발자취를 찾아온 인파로 도시는 북적인다. 거리마다 가게에서 기념품마다 그의 모습이 사진으로 그림으로 넘친다. 이곳 낙조를 보기 위한 멜로리 광장(Mallory square)은 그 열기가 더 하다.

해변에는 각양각색의 비치 파라솔에 태양을 즐기는 사람들, 카리브해에서 불어오는 바람에 온몸을 맡긴 해변은 여전히 아름답다. 각 주에서 연신 밤낮없이 실어나르는 비행기, 3~4분이면 대기하는 우버 택시. 섬에 불과한 어촌이 굉장한 경제적 파급력으로 본토 플로리다주와 이어졌다. 163km의 해상고속도로를 차들은 분주하게 달린다. 경제적 활력이 넘치는 키웨스트. 헤밍웨이는 미국 문학을 올렸음에 그치지 않고 경제 발전에도 마치 살아있는 것처럼 활기를 불어넣었다. 이 어촌에 낚시꾼이나 모이던 곳을 관광과 산업도시로 발전시키며 헤밍웨이는 오늘도 살아 있는 듯 돕고 있다,

헤밍웨이는 키웨스트뿐 아니리 쿠바의 아바나도 잘 살게 해주고 있다. 쿠바인도 헤밍웨이를 자랑스러워하며 아낀다. 그는 노벨상에서 탄 메달도 쿠바 어느 성당에 기증했다. 그가 머물던 쿠바의 호텔과 저택, 카페에는 그의 초상이 산 사람처럼 크게 서 있어 관광객을 맞는다. 쿠바와 미국의 아픈 관계가 50년을 넘게 지났어도 미국인 헤밍웨이가 쿠바 사람들을 사랑했듯 돕고 있어 아바나도 쿠바의 랜드마크가 되었다.

우리의 랜드마크를 생각해 보면 이효석(1907-1942)의 「메밀꽃 필 무렵」이 떠오른다. 일제의 어려운 시대에 일정한 직업도 없는 장돌배기의 삶과 고달픔을 토속적 언어로 친근감을 주는 작품의 배경이 봉평이다. 봄이면 메밀꽃이 흐드러지게 핀 모습이 달밤에는 더욱더 애잔하게 다가와 사람들은 메밀꽃이 하얗게 피는 봉

평을 찾아야 하고 휴가철에는 마치 장날처럼 봉평을 메운다. 강원도를 오가며 꼭 먹어봐야 여름을 난다는 메밀국수 메밀 전이 동이 난다.

이효석의 작품을 다 읽어보질 않아 허생원을 모르는 사람들도 봉평에 모여들어 그래도 그들은 이효석과 메밀은 안다. 어려운 식민지 시대에 부자(父子)의 슬픈 이야기는 우리들의 이야기요, 우리의 고달프고 아팠던 분하고 억울한 삶의 이야기이기 때문이다. 메밀꽃의 이미지가 사람들의 가슴에 영원히 피고 있다. 그 덕분에 농촌의 경제를 살리고 이효석은 봉평의 자랑이다. 제법 값이 나가는 메밀은 강원도의 랜드마크요 이효석은 무엇보다 메밀을 살려낸 주인이다. 그는 영원히 봉평을 살릴 것이다.

헤밍웨이나 이효석처럼 문학에서 감동을 준 대가들이 어려운 시대에 경제발전까지 기여하며 확실한 랜드마크에 이른 그들이 너무나 부럽다.

2019. 8.『월간문학』

웃음소리

성인 셋이 사는 우리 집은 서울의 대부분의 가정처럼 베드 홈(Bed home)에 가깝다. 조용하고 휴식의 시간을 갖는 터에 웃을 일이라곤 별로 많지 않다. 그런 우리에게 요즘 웃음소리가 넘친다. 참으로 신비하다. 인간의 두뇌는 끝없이 자연에 도전하지만 우리의 생명만큼은 누구나 감히 범할 수 없는 신의 영역에 있기 때문이다.

1953년 6·25전쟁은 정전되었으나 초토화된 나라 사정과 경제 형편은 말이 아니었다. 그 무렵에는 가정마다 지녀가 넷이나 나섯 그보다 더 많았다. 나라에서는 인구 폭발을 염려한 나머지 3남 2녀가 이상적이라 했지만 보릿고개를 넘기면서 아들딸 가리지 말고 둘만 낳으라는 표어가 벽에 붙었다.

경제개발을 하고 우리 삶이 조금씩 나아지면서 여성도 남성처럼 고등교육을 받고 여자들은 대학을 나와 취업을 하고 결혼 적령기가 되어도 미루기 일쑤였다. 혹 결혼을 해도 아이를 출산할 생각을 접는다. 여러 가지 이유도 있겠고 국가에서 장려 정책도 나오지만 어느새 우리나라는 경제협력개발기구(OECD) 회원국 중에서 저출산 국가 1위로 나타났다. 이는 장차 국가의 노동력 부족으로 국가의 위기를 불러일으킨다는 심각한 우려 사항이 되었다.

그러나 저출산과는 관계없이 우리는 무척 기다렸지만 출산의 기회가 오지 않았다. 주변에서 걱정이 많아 기도의 제목은 우리 아이를 위한 것이었다. 몇 번의 어려움을 딛고 기도의 응답으로 임신에 성공하고 온갖 정성을 다해 만삭에 이를 때까지 며느리는 의료진과의 많은 협력으로 공을 들였다. 조용한 클래식 음악을 들으며 여러 서적을 탐독하며 태교에 힘쓰는 것 같았다.

우리 조상들도 후손에 대한 기대와 애착이 각별했지만 지금처럼 의료의 혜택이 부족했기 때문에 아이들이 제대로 태어나질 못해 태교를 엄하게 시행했다. 중국의 주(周)나라 무왕(武王)의 어머니 태임의 3불원칙을 신사임당도 본받아 율곡 같은 아들을 낳았다는 이야기는 임산부라면 늘 회자(膾炙)되기도 한다. 나의 경우도 어렵게 임신하여 정중하게 출산을 초조하게 기다렸던 때가 새삼 떠올랐다.

예정일보다 미리 입원한 며느리가 1월 26일 아프다는 소식에 당황하여 병원에 달려갔으나 아직 산통에 시달리고 있었다. 사실 우리는 성별을 구별하지 않았다. 오직 건강한 한 생명만을 초조하게 기다리다 집에 돌아왔다. 밤이 깊어도 잠들지 못하고 기도에 매달리고 있는데 아들에게서 문자가 들어왔다.

"1월 27일 새벽 2시 43분 튼튼이 출산! 드디어 아빠 되다." 아들이 크게 감동했나 보다. 그도 그럴 것이다. 제 친구들은 아이들이 크게 성장해 초등학교도 다닌다. 그래서 얼마만의 기다림이었던가. 아가를 바라보는 감회가 어찌 남다르지 않겠는가. 아- 감사하다. 유도 분만에 산통을 겪으며 포기하려 했던 자연분만을 성공하고 아들을 출산했다. 한 여자로 태어나 성인이 되어 누구나 겪어야 하는 산통이다. 우리 시대에는 대개 자연분만으로 출산했다. 자연분만으로 죽을 만큼 힘든 과정을 경험한 나는 며느리가 그지없이 고마웠다.

그간 친정어머니와 여동생, 아들은 병원 근처 동국대 주변의 호텔에 1주일을 투숙하며 산모의 고통을 조금이라도 같이 하려고 그곳에서 출퇴근을 했던 일이 너무나 보람되었다. 이목구비가 뚜렷한 아가의 귀한 모습을 보고 싶어 나는 열심히 병원을 들락거렸다. 유리 너머 보이는 아가는 잘도 자고 제일 똘똘하게 보였다. 조리원에 옮겨서도 하루도 거르지 않고 아가의 모습을 유리 밖에서 보며 행복을 생각했다. 할 수 있는 말은 오직 충만하여 감사를 몇 번이고 되뇌었다.

지금 친정에서 잘 기르고 있어 스마트폰에 담은 아기의 모습을 보면 친정집도 웃음바다가 된다. 아빠가 귀엽다고 볼을 만지면 웃기도 하고 크게 하품하는 모습이 얼마나 예쁜지 폰에 담아

온 동영상을 보며 너무나 신기해서 나도 밤 내 보고 또 보며 소리를 내 웃는다.

생후 50일 앨범을 위해 아트홀에서 만났을 때 아가는 너무도 많이 자랐다. 이만큼 키우느라 밤잠도 설치시고 얼마나 고생을 했을까. 친정어머니께 더욱 감사를 드렸다. 안아보는 감회도 대단하다. 행사를 마치고 정말 잘 자란 튼튼이가 외갓집으로 가는 모습이 나는 못내 아쉬웠다. 우리 집 보물단지, "튼튼아, 건강하고 지혜롭고 슬기롭게 자라라. 그래서 나라에서 사회에서 필요한 큰 인물로 잘 자라다오."

온 정성과 사랑을 나도 바치리라. 빨리 너에게 피아노와 공부도 내가 손수 가르치고 싶고 너를 위해 뭐든 마음을 쏟으리라. 작명소에서 온 글자 중 뛰어날 준, 빛날 혁을 우리는 골랐다. 우리도 드디어 해냈다. 너로 인해 우리는 행복하다.

너를 보면 어찌나 예쁜지 너를 생각하면 자꾸 웃음이 터진다. 우리를 행복하게 해준 아가야, 고맙다. 무럭무럭 잘 자라라. 준혁아 파이팅!

2011. 5.『수필문학』

멈춰버린 걸음 속에

아! 맞다. 잠깐 생각이 스쳤다. 내 별명이 토끼다. 나를 아끼는 사람마다 몇 개의 애칭으로 불러주었다. 그런데 잊고 있었다. 10여 년 전 목동에 살 때만 해도 참 발랄하고 순수했나 보다. 누구를 만나면 껑충껑충 뛰며 반가워했던가. 어떤 선생님이 붙여주신 이름 토끼. 올해가 토끼해라 한국수필의 원고 청탁이 왔다.

방배동에서 동인회를 마치고 돌아올 때는 언제나 여럿이 전철역을 향해 간다. 모두 천천히 이야기를 즐기며 걷지만 나는 정한 일이 있어 일행보다 앞서 늘 뛰었다. 계단을 오를 때면 하이힐을 신고 '똑 똑 똑 똑' 올라가 먼저 오는 전철을 잡아탔다. 동인들은 뒤에서 깔깔대며 내가 오르는 모습이 꼭 토끼처럼 재빠르다 해서 토끼라고 불렀다.

사실 그때나 지금이나 바쁘기만 해서 언제나 걷기보다 뛰었고 뛸 수 없는 거리는 운전을 해서 빨리 도착했다. 늘 시간의 논리에만 매어 살았다. 1년 전 튼튼하다 여겼던 다리가 갑자기 통증이 왔다. 양방 병원을 오가며 치료해 완치라 믿고 지난가을 미국에 가서 6개월을 머물다 올해 2월 귀국했다. 그러나 다시 불편해 결국 전문병원에서 인공관절치환 대수술을 받았다. 3월, 4월 봄이 왔건만 연일 비바람에 진눈깨비를 뿌렸다.

병상에서 바라보는 하늘은 언제나 흐려 있고 통증은 한계에 왔다. 절망 속 나날은 나를 지치게 했다. 이제 내 몸이 내 몸이 아닌데 간병인도 없는 재활원에 이송됐다. 이곳은 트레이너가 1:1로 붙들고 지옥훈련을 한다. 비명을 지르려다 문득 국가대표 선수들이 떠올랐다. 지금 아시안 게임에 출전해 메달을 따기 위해 그들도 오랫동안 지옥훈련을 해 왔다. 견딜 수 없어도 땀으로 축적된 기량이 금빛 은빛으로 빛나며 누구나 감히 따라갈 수 없는 영광과 부러움을 산다. 그 힘든 고통의 터널을 지나왔기에 그들의 명예는 더욱 빛난다. 나는 그들을 생각하며 견디지만 자신을 자꾸 잃어 갈쯤 수면제로 버텨 낸 병상과 재활원을 떠나 두 달을 넘게 비어 둔 집에 돌아와 다시 재활에 들어갔다.

두 달여의 시간도 아까웠지만 혼자서는 아무것도 할 수 없었다. 눈감으면 아무리 생각해도 언제 제자리로 돌아갈 것 같지 않다. 나를 그토록 사랑한 사람들, 따뜻한 커피로 정다운 우정을 나누던 동인들, 뜨거운 눈길로 사랑을 짐작해 한 그리운 눈동자, 환희와 기쁨으로 늘 충만케 했던 인연들이 눈앞에 가물거릴 뿐 다시는 볼 수 없을 것만 같았다. 토끼처럼 발랄했던 내가 주저앉아 걸음을 멈춰버릴 것만 같아 암담했다.

한참 마음을 추스른다. 빙판 위의 곡예처럼 한 발 한 발 서툴고 힘겨웠지만 아들이 구입해 온 지팡이를 남들처럼 의지하거나 사람의 부추김도 받지 않았다. 천천히 발을 떼면서 단지 내 피트니트 센터에서 훈련을 했다. 가는 길이 벅차 몇 번이고 가지 못해 되돌아오는 처절함도 있었지만 벤치에서 쉬었다 다시 시작했다. 산책로에서 누군가 멀리서 발걸음 소리가 들려 나를 스치고 지나가면 나는 아픈 척하지 않았다. 누구도 내 모습에서 환자라고 짐작하는 것은 싫었다. 넓은 정원의 벤치에 앉아 하늘을 올려다본다. 내가 없는 사이 비바람 속에서도 꽃을 피우고 초여름의 나무들은 저토록 무성히 푸른 숲을 이루며 하늘을 가린 채 생기가 넘친다. 사이사이 빨강 여름 단풍이 어느새 내 가슴을 빨갛게 물들인다. 저 눈부신 광경이 다시 나를 들뜨게 한다. 아– 살았구나. 이 모습으로 또다시 설레다니… ‘No pain, No gain.’ 고통 없이는 아무것도 얻지 못한다는 진리. 죽음을 이긴 한 생명, 나는 이제 참으로 새 삶을 위해 무엇을 할 것인가. 무거운 감사의 눈물이 어느새 볼을 타고 흘러내린다.

지루한 여름을 이기고 가을로 접어든 청명한 날, 나는 제법 화려한 옷을 갖춰 입고 나를 보고 싶어 하는 문병객을 맞기 위해 집 앞 백화점에 갈 수 있었다. 조금만 더 있으면 나는 토끼처럼 사랑 받으며 경쾌하고 예쁘게 뛸 수 있으리. 어릴 때 놀란 토끼처럼 큰 눈이 겁도 많았지만 달 속에 옥토끼처럼 부지런하고 거북이와의 게임에서 속도 조절에 잠시 쉬다 깜빡 잠들 줄 알고 넉넉함으로 느린 거북이가 이길 수 있는 기회를 배려할 줄 아는 아량도 보이리라.

토끼는 사람에게 유익한 동물이다. 애완용뿐 아니라 레빗 외투며 겨울 패션에 빠지면 안 되는 필수 액세서리가 되었다. 토끼만큼 사랑을 받는 삶이 된다면 별명도 결코 싫진 않겠다. 순수한 그 눈망울처럼 법 없이 사는 새해가 다가오기를 어느 해보다 가슴 벅차게 빌어 본다.

2011. 1.『한국수필』

고독사

그 곱던 단풍잎들이 속절없이 바람에 지고 있다. 겨울을 재촉하는 늦가을 끝자락에 비가 오락가락했던 어느 날 길바닥에 아무렇게 뒹구는 낙엽을 밟으며 성한 사람도 마음이 한없이 쓸쓸해지는 발걸음은 저마다 깊은 사색에 잠기게 하는 계절이다.

서울 장안동에서 세 들어 살던 60대 독거노인이 집이 팔리자 스스로 목숨을 끊으면서 유서와 수고할 경찰에게 남긴 국밥값, 10여만 원, 장례비 100여만 원, 전기료 수도요금 고지서와 이에 해당하는 금액을 남겼다. 모든 돈을 빳빳한 신권으로 챙겨 놓고 이 세상을 달리했다는 뉴스에 우리 마음도 울컥해졌다. 그는 따뜻한 사람이다. 자기를 위해 고생할 경찰들에게 국밥이라도 대접하고 싶은 마음씨가 역력해 더욱 우리의 마음 구석이 시렸다.

가난한 시절 국밥 한 그릇이면 허기진 온몸을 따뜻하게 녹여주던 국밥이 이제 어느 상가(喪家)에서나 전문점에서 주문하여 문상객들에게 대접하는 식사가 되었다.

깊어가는 초겨울, 요즈음 한 해를 마무리해야 할 시기에 "나는 무엇을 위해, 왜 사느냐?"라는 질문을 스스로 물을 때 이 노인도 희망은 보이지 않고 살기 위해 다시 집을 구하기 위해 여기저기 다녀야 하고 홀로 외로워 지친 그에게 감당해야 할 여러 절차가 너무 버거워 그나마 자신의 시신을 맡길 분에게 국밥이라도 대접할 수 있을 때 떠난 것은 아닌지, 이 독거노인이 남긴 국밥 한 그릇의 의미가 더욱 마음을 자꾸자꾸 저리게 한다.

노인들에게 엄습하는 3고는 빈곤, 질병, 고독이다. 노인층에도 빈곤의 불평등은 더욱 심하다. 절대 빈곤은 7.6%에서 상대 빈곤은 49.2%이므로 경제협력개발기구(OECD)의 12.4%에 비하면 3배나 높다. 고령 사회에 진입한 현재 독거노인이 133만 7천여 명이지만 이 중 가족과 이웃을 단절하고 사는 노인이 46%나 되어 정말 심각하다. 지금처럼 명절이 다가오면 그들의 외로움은 극에 달한다. 이들은 아무리 의료 혜택이 잘 된 한국 사회라 할지라도 병들면 스스로 몸을 가누지 못해 그대로 병사하고 마는 사각지대에 놓였다. 얼마를 지나서야 이웃이 발견하는 일이 허다하다.

홀로 사는 노인은 TV가 유일한 친구일 뿐 하루 종일 말 한마디 주고받을 사람이 없어 입이 메말라 간다. 이는 죽음과 같다. 어디 가나 늙었다고 무시하고 무관심으로 상대해 주지 않는 소외감을 견디는 아픔이 오죽하겠는가. 고립된 공간에서 돈도 가족도 없는 노인들은 날마다 절망하다 죽어간다. 올해도 생활고와 지병에 시달리다 스스로 생을 마감하는 수가 부지기수(不知其數)다.

어느 노인이 쓴 시 구절에 이런 게 있었다. '인정머리 없는 젊은이/ 자네도 곧 늙을 걸세. 또 85세 독거노인의 시, 늘 신앙시를 쓰며 버티시는 분도 있다. 칠십 고개에 가족으로부터 버림받은 노인. 이러한 울부짖음이 도처에서 우리를 아프게 한다. 서울에서 매일 노인으로 편입하는 사람이 200여 명씩 늘어난다.

아직 일할 수 있는 능력이지만 너무 일찍 퇴직해 은퇴 노인의 대열에서 갈 곳 없이 방황하다 병에 걸리고 좌절하다 스스로 생을 마감한다. 직업 단절을 억지로 시켜 노인의 대열에서 그 능력이 사장됨도 국가적 손실이다.

칸트가 인간학을 썼을 때 74세였고 미켈란젤로의 성 베드로 성당처럼 수많은 사람들이 고령에서 명작과 명곡을 남긴 이야기는 너무나 유명하다.

한강의 기적이 피크에 달했던 1961년생이 65세가 되는 2025년이면 65세 이상 인구가 전체 인구의 20%가 되어 초고령 사회로 진입한다. 이제 우리 사회가 저고용과 저출산의 딜레마(Dilemma)에 빠진 고민을 해결해야 한다. 우리에겐 젊은이도 노인도 자원으로 고용되어야 하는 숙제가 남았다.

국가의 이상은 복지를 통해 소득재분배의 기능까지 바라보는 게 시대적 욕구이기 때문이다.

일본은 9월 15일을 '경로의 날'로 법정 공휴일로 정하고 오랫동안 사회에 공헌한 노인을 경애하고 장수를 바라는 날이라고 한다. 하지만 일본도 고령 인구의 증가로 고독사가 사회문제가 되고 있다.

경제는 살아났지만 일본 정부의 재정 부채는 GDP 대비 그리스보다 많은 200%가 넘어 만만치 않다. 일본의 국채는 미국과 달리 90%가 국민이 가지고 있다. 그들은 장롱예금이라 하여 집에 돈을 감추어 둔다. 일본 사람들은 20년 동안 불황기에 놀란 탓인지 어렵게 번 돈을 잘 쓰지 않고 기부도 하지 않은 채 은행에서 인출하여 집에 보관하다 그대로 고독사하고 만다.

사망 후 서랍장이나 쓰레기를 치우는 과정에서 발견한 돈은 지난해만 해도 177억 엔에 달한다. 해마다 고독사가 늘면서 버려진 돈도 늘어나 일본은 부동산이나 금융자산의 주인을 찾지 못해 애태운다. 얼마 전에도 거금 2000만 엔, 우리 돈으로 2억 원이 넘는 돈이 버려진 폐기물에서 발견됐다. 놀라운 일은 액수에 상관없이 이런 일이 흔하다는 것이다. 이 버려진 돈은 경제활동을 못해 일본의 경제에 막대한 지장을 가져온다.

우리와 일본인의 국민성이 판이함을 발견한다. 사망하기 전에 대비해 미리미리 상속하고 기부하며 나누다 가야 한다는 새삼스러운 교훈을 얻는다.

100세 시대를 눈앞에 두었지만 우리의 법은 60대 노인을 중심으로 한 법이 태반이다. 국가 차원에서 노인 자살 방지대책도 나와야 한다. 죽음은 누구에나 닥친다. 사는 모습 못지않게 고운 마무리를 하고 싶은 게 사실이다.

사는 동안 행복하게 쓸모 있는 사람으로 살다가 수를 다하여 아름답게 여행을 떠나듯 인연이 있는 사람들에게 감사하며 세상과 이별하는 것이 우리 보통 사람들이 잘 죽는 일(well dying)이라고 소망하지만 어디 죽음의 길을 누가 알겠는가. 다만 느닷없이 아무도 모르게 내가 살아온 세상을 홀로 훌쩍 떠난다는 것은 얼마나 슬픈 일인가.

해마다 반복되는 고독사, 우리 사회가 고독사만은 막아야 한다.

국밥 한 그릇을 남기고 떠난 그 고독사가 우리에게 많은 교훈을 남겼다. 이 가을이 되니 더욱 두고두고 마음을 아프게 한다.

2015. 11.『착각의 시학』

영혼의 소리

오늘도 길에서 몸이 편치 않은 장애우를 만났다. 교통과 문화도 발달했지만 장애인들이 왜 이리 많을까. 그러나 누구라도 그 처지에 처할 경우는 어디나 산재해 있다.

이십여 년 전 내 모습이 떠올랐다. 나도 어머님을 여의고 지친 몸으로 병원을 다녀오다 빙판에서 넘어졌다. 오른 손목이 골절되어 깁스로 꽁꽁 묶여 그 끈을 목에 걸었다. 그 어려움 속에서 다리조차 상해를 입어 걸을 때마다 참을 수 없는 통증이 따랐다.

생각하면 거리에는 웬 턱이 그리 많은지, 오르고 내려야 할 계단을 바라보면 공포증이 앞서 한참을 겁을 먹고 서 있기 일쑤였다. 모든 시설은 건강한 사람 위주로 되어 있었다. 그간 건강할 때는 몰랐던 일이다. 주부로서의 생활과 운전도 글 쓰는 일도 접어 그로 인해 삶에 대한 열정은 간데없고 날마다 좌절감에 빠져들었다. 다리도 손도 제 기능을 상실한 채 거리에는 쓰디쓴 눈물비가 내 저는 발걸음마다 뿌려졌다. 까만 하늘은 내 여린 어깨에 무섭게 내려앉아 마치 세상의 모든 아픔을 혼자 짊어진 듯 몽롱해지며 절망의 늪에서 허우적거렸다.

어찌, 가야 할 곳은 그리 많은지. 이제 차를 놓고 전철에 의존했다. 지하철의 그 많은 손님에게 폐가 되지 않으려고 손님이 다 흩어져 가 버린 계단을 홀로 난간을 짚으며 하나하나 내려오는데 어디선가 구슬픈 멜로디가 들려왔다. 종로 삼가 전철역 리프트가 오르고 있었다. 저 멀쩡한 젊은이가 어쩌다 온몸을 그에 맡겼을까. 천천히 오르는 그를 바라보며 그의 처지가 하염없이 불쌍해 눈물이 와락 솟았다. 나는 다리를 끌면서 천천히 걸을 수 있다는 형편이 그나마 그지없이 고마웠다. 웬 음악 소리까지 그리 슬픈지, '슬픈 음악'이라도 바꿔주면 좋겠다는 생각을 하면서 힘겹게 가던 길을 멈추고 그 음악 소리가 멈출 때까지 그를 위해 기도를 드렸다.

하루는 긴 횡단보도조차 건너는 일이 너무 두려워 우두커니 서 있는데 하얀 지팡이를 능숙하게 움직이며 바른 자세로 걸어오는 시각장애인을 보았다. 그의 모습이 신기하기조차 했다. 내 귀에는 어느새 이탈리아 테너 '안드레아 보첼리'가 조용히 빚어내는 멜로디가 흐르고 있었다. 끝없이 펼쳐진 초원에 목가적 평화를 내 마음에 그리고 있었다. 그는 이미 인간적 고뇌를 이기고 성스러운 세계에서 흘러내는 선율로 애절함이 촉촉이 스며 있었다. 시각장애인, 그는 우리가 모르는 암흑 속에서 얼마나 답답하고 어려웠을까. 그러나 누구도 원망치 않고 한 줄기 빛을 향하여 또 다른 세계를 주신 하나님께 그 은총을 감사하는 기도가 노래가 되었다. 파바로티나 대형 가수들처럼 이 지구를 흔들 것 같은 에너지를 내뿜지 않아도 그의 목소리는 웅크려 좌절해 있는 나의 영혼을 일깨워 신의 축복이 얼마나 광대한가를 잔잔히 풀어내고 있었다. 감동의 울림이 왔다. 울림에 취해 나도 모르게 지팡이가 아니어도 걸을 수 있다는 위로를 얻으며 천천히 건널목을 걸어 냈다.

실낙원(Paradise Lost)의 존 밀턴은 시인이자 소설가이다. 그는 '인간의 원죄'에 관한 서사시를 눈이 먼 후에도 구술하여 완성시켰다. 비록 실명했을지라도 강렬한 상상력이 가득한 문체로 인간의 타락성을 놓치지 않았다. 그는 단테의 신곡과 함께 종교 서사시로 지금까지 빛나는 걸작으로 평가되어 사랑을 받고 있다. 장애인의 공적이 놀랍기만 하다.

며칠 전 방송에서 시각장애우인 중학교 영어 선생님이 초대되었다. 갓 대학을 나와 임용고시를 합격하고 선생님이 되어 수업시간에는 옆에 얌전히 앉아 있는 안내견을 소개하기도 했다. 그는 너무 밝은 목소리로 주변 사람들에게 감사하고 있었다. 정상인과 비교할 수 없이 많은 어려움 속에 수업 준비를 하지만 조금도 불평하지 않으며 불만이라고는 들을 수 없이 낭랑한 종달새처럼 맑은 목소리였다. 우리는 KBS 아나운서나 재판관이 된 시각장애인의 승리를 보고 있다.

그날도 횡단보도에서 넋을 잃고 이러한 상념에 빠져 있던 나는 어느덧 통증을 이기며 나만이 괴롭다는 생각이 몹시 부끄러워졌다. 그들의 승화된 영혼의 소리에 빛을 찾았다. 비장애인인 나는 자기도취에 빠져 미처 볼 수 없었던 또 다른 영혼의 세계에 눈이 뜨고 선율을 통해 얻은 교훈이다.

M.R.I의 검사에서 내 다리는 '인대 파열'이라고 판독되어 몇 달이 지나고 팔의 깁스도 풀고 절던 다리도 회복되었다. 몇 년 같은 몇 달을 다리를 끌며 장애인들이 겪는 온갖 아픔과 슬픔을 체험했지만 세상에는 너무 많은 사람들이 장애를 평생 안고 살아야 하는 일이 얼마나 안쓰러운지. 우리는 시설이라도 잘해 놓아야 한다.

현재 30만 명 이상의 교통사고에서 누구도 자유로울 수 없다. 대한민국의 장애인 인구는 약 270만 명으로 5.4%나 된다. 성한 몸으로 산다는 것은 이보다 넘치는 감사는 없다. 어설픈 우리의 일시적 동정은 그들에게 자신감만 잃게 한다. 그들의 의지는 우리보다 강하고 무엇이든지 할 수 있다. 다만 우리가 더불어 살아가야 할 이웃이라는 인식 전환이 쉼 없이 이어져야 한다.

오늘도 그들은 하늘의 맑은 영혼의 소리에 위로와 힘을 얻는 천사들이다.

2019. 10.『기독수필』

광풍(狂風)

올해도 날마다 폭염으로 숨 막힌다. 태풍까지 온다니 겁부터 난다. 아니나 다를까 물 폭탄을 몰고 온 카눈, 농경지부터 물바다로 만들고 설마 하고 버텼지만 산사태에 떠밀려오는 흙탕물이 무섭게 쏟아져 도망쳐 나온 사람들. 살던 집이 눈앞에서 부서지고 같이 살던 소와 돼지까지 물에 둥둥 떠내려간다. 어찌하라고 저 많은 이재민을 내는지. 집도 재산도 다 날려버린 저들은 살아도 산 것이 아니다. 기후재앙이 무섭고 심각하다.

광풍이 카눈만 온 게 아니다. 코로나로 위축된 주식시장이 어느 날 주가가 급등하자 눈치 빠른 젊은이들은 '동학 개미'로 화제가 되더니 어느새 '서학 개미' 군단이 되어 활로를 넓혔다. 눈이 휘둥그레질 무렵 주택값이 상승하자 "이러다간 영영 집을 살 기회를 놓칠라" 너도나도 조급증이 발동되어 젊은이들은 뒤질세라 '영끌 빚투'로 주택 매수에 나선다. 그 바람은 끝모르게 집값을 치솟아 올리고 말았다. 이를 보다 못해 '미친 집값'이라고 했지만 그래도 이 기회를 놓치면 영원히 거지 된다는 조바심으로 영혼까지 끌어모아 빚을 내서 투자하는 열풍은 과히 광풍이었다.

한동안 가상화폐에 몰려드는 그들을 보면 가슴이 철렁철렁했다. 큰 손실로 실의에 빠져 잠시 잠잠했다. 그런데 7, 8월이 되자 폭염으로 모두 시달리고 있을 때 '2차전지'라는 광풍이 TV에서 신문에서 연이어 올라오기 시작했다. 이제는 젊은이가 아니라 세대를 초월해 사람들이 더위도 잊고 겁 없이 뛰어들어 코인 때보다 더 과열된 바람이 소용돌이쳤다.

내가 아는 착실한 직장인은 봉급에서 얼마를 노후를 위해 매월 꼬박꼬박 저축해 왔다. 그러던 그도 주변의 분위기에 고민하다 저축예금과 비상시에 요긴하게 쓰려던 보험금까지 깨고 "나도 뒤질세라" 이 달아오른 테마주에 몰입했다. 갑자기 상승률이 커졌다. 단타를 노린 사람들이 매도에 몰리며 폭락장이 되었다. 또 얼마의 손실을 냈을까. 잠시 걱정이 사라지기도 전에 새로운 뉴스가 터진다.

이름도 생소한 국내 어떤 벤처기업 연구팀이 개발했다는 '초전도체'가 또 테마로 뜨자 시장은 다시 요동쳤다. 시중 자금이 한쪽으로 쏠려갔다. 이 '묻지 마' 투자도 전 세대로 확산되었다. 그러나 곧 '사이언스'에 이어 '네이처'의 국제학술지 어느 곳도 결과를 입증하지 못한다고 부정적 평가가 나오자 역시 와르르 그 계열 주가가 무너졌다. 이에 몰린 자금이 올해 정부 예산의

90%에 달한다니 너무 놀랍다.

동학 개미 운동으로 증시가 사상 최고치를 찍었다던 2021년 7월에 근접한 금액이라니 이번에는 '초단기 빚투'까지 덩달아 늘어나 최고치를 냈다. '외상' 투자자도 빠른 속도로 늘어나고 주식을 사기 위해 1~3개월간 자금을 빌리는 신용대출 규모도 20조가 넘었다니 상상이 되지 않는다.

자본 시장의 꽃이라는 주식시장에 이런 광풍이 몇 번 쓸고 지나가면 몇이나 살아남을까. 롤러코스터를 타듯 모두 무서운 패닉에 빠질까 두렵다. 우리의 성품이 '빨리빨리'라 하지만 이보다 더 조급해졌다. 20대에 취업해서 월급을 모아 결혼을 준비하고 다음은 주택 구입도 해 가며 차근차근하던 속도는 너무 느려 기다릴 수 없을까. 하긴 20대 취업도 어렵고 결혼도 포기하고 나니 다급해져 뭐든 한 방에 끝내고 싶다는 심정을 충분히 이해한다.

내가 감당할 만큼의 욕심은 얼마일까. 하긴 우리나라도 100만장자의 부자가 많기로 세계 10위권이라니 똑똑한 젊은이들이 조급할 만도 하다. 이런 광풍 현상을 '포모증후군'이라 한다. 남들은 앞으로 나가는데 자신만 뒤처져서 기회를 놓치는 것 같은 소외감이나 불안감 또는 고립감과 공포심까지 일어나 자신도 참여해야 마음이 놓이는 현상을 말한다. 어원을 찾아보면 2000년대 초 미 하버드 경영대학원생 패트릭 맥기니스는 학내 이벤트나 파티를 놓치지 않으려고 하룻밤에 7군데를 돌아다녔다. 숙취 탓에 수업에 지각하고 늘 피곤했다. 아무리 생각해도 이런 생활은 비정상적이었다. 이래서 포모(FOMO: Fear Of Missing Out)증후군이란 말도 만들어졌다. 이 말이 학생들 사이에 공유하면서 신조어 사전에 등재되었다고 한다. 이 포모증후군이 학생들만 있는 게 아니라 현대를 살아가는 사람들이 고민하는 병리 현상이라고 한다. 우리뿐 아니라 미국과 영국인의 성인 과반수가 포모 증세에 시달린다는 통계까지 나왔다.

현재 20대의 연체율이 역대 최고 수준이다. 소득 기반이 취약하고 금융 전문지식도 부족한 청년들이 자기 능력 이상으로 대출을 받았다면 참으로 감당하기 어려울 것이다. 일상 부자는 아니어도 빚 없는 가계가 제일 홀가분하고 행복하다. 50년 만기의 대출은 빚을 내서 집을 사라는 것을 부추기는 일이다. 성년이 되자마자 20대에 빚진 이가 50년 후면 70대가 된다. 꿈을 펼칠 나이에 평생 빚에 허덕여서야 되겠는가. 국제기구조차 우리의 가계 빚을 염려한다. 마음 놓고 자신의 소망을 펼칠 여유 없이 남의 삶을 살다가는 모양새가 된다.

우리의 템포를 찾기로 한다. 이대로 광풍에 휘말리면 국가의 미래가 보이질 않는 공포심이 인다. 환율까지 올라 수입물가도 오르고 천정부지 오른 집값도 아무리 봐도 비정상적이다. 우리가 날마다 광풍에 시달려서야 어떻게 살겠는가. 차분한 우리의 페이스를 찾아 사회나 개인도 차근차근 내실 있게 쌓아가는 우리 사회의 풍조가 어느 때보다 시급하게 되었다.

2023. 10.『한국문인』

한국인의 인정(人情)

정 많고 용맹스러운 호랑이가 한국인을 닮았다고 한다. 그러나 한국인의 정이 변하고 있다. 내가 어릴 때는 부모님이나 이웃이 법 없이도 산다고 서로 격려하던 따뜻한 형제 같았다. 거리 두기가 오래 가면서 우리의 심신이 지쳐서일까, 걸핏하면 살인사건이 일어나고 이웃사촌은 간곳없고 그 곱던 심성들이 왜 이리 사악해져 가는지. 우리의 모습을 돌아보지 않을 수 없다.

우리의 정은 콩 한 쪽도 나누어 먹는 인정이다. 식당에서 서로 대접하겠다고 실랑이를 하는 것을 외국인의 눈에는 기이하게 여겨졌다. 서구인들에게는 없는 풍속이라고 퍽 아름답게 보기도 했다. 무엇인가 베풀어야 마음이 편한 우리네 인정은 가정에서도 떡을 하거나 동짓날 팥죽을 쑤면 동네방네 나누어 먹는 게 몸에 배었다. 이사를 오면 떡을 돌리거나 팥죽을 돌리며 액땜도 하고 이사 온 인사의 수단으로 다 세시풍속의 하나였다.

40여 년 전 내가 아파트에 이사 와서 이웃에 인사를 해야 하는데 문을 닫고 사는 집을 일일이 두드리며 팥죽이나 떡을 돌리기가 곤란해 누구나 좋아하는 장미꽃 한 다발씩 위 아래층 이웃들에게 돌린 적이 있다.

옛날 우리 집은 기차역 가까이 살았다. 50년 전만 해도 유통질서가 제대로 되지 않아 해안가 사는 사람들은 일찍이 생선을 기차에 싣고 와 그 생선 짐을 우리집 창고에 맡기고 소매를 다녔다. 어떤 집은 냄새 난다고 귀찮아 거절을 했지만 어머니는 "딱하다"며 빈 창고에 놓아두게 했다. 일일이 소매를 마치면 저녁이 된다. 빈속으로 그대로 멀리 가려면 시장하다며 저녁까지 챙겨 보내던 어머니가 떠오르며 늘 나누시던 어머니를 통해 배웠다.

이러한 인정은 우리 민족의 문화였다. 남자는 노자를 장만하지 않아도 훌쩍 길을 떠나 유람의 길에 오르고 과거를 보러 가는 상경길에도 특별히 가진 것 없이도 떠났다. 소금장수나 새우젓 장수들도 숙식 걱정 없이 이 고을 저 고을 돌아다닐 수 있었던 것은 우리네 손님 환대의 문화가 흐르고 있었기 때문이다.

어느 집 대사에 가서 융숭한 향응을 받고 돌아가기 위해 마루에서 내려오면 뜰 방에 벌써 간소하게 차린 술상을 내는 것이 남도의 관행이다. 이렇게 손님에게 대하는 것이 오히려 손님을 쫓는다 하여 '쫓음 상'이라고 하지만 사실은 손님을 보내기가 아쉬워 잠시라도 더 붙들어 두고자 하는 우리네 환대문화를 보여주는 단면이다. 쫓음 상을 받고 오리쯤 가면 오리정(五里亭)에 미리 사람을 보내 술상을 차려 내는데 이를 '마다리 상'이라 했다. 아마도 지나친 환대가 과분하다 여기며 상을 받는 것을 마다하고 겸손하게 한 것이 예의가 되어 '마다리 상'이라고 했을 것이다. 이 쫓음 상과 마다리 상만 보아도 한국인의 손님 환대의 모습을 알고도 남는다. 이러한 전통이 내려와 우리가 어릴 때도 손님이 오시면 더 오래 계시라고 나도 동생과 같이 신발을 감추고 가시지 못하게 옷깃을 붙들었던 기억이 새롭다.

대원군 때는 미국 상선 제너럴 셔먼호를 소각시킨 사건을 두고 이를 응징하려고 강화에 포진했던 미 극동함대 사령관에게 당시 강화 유수가 선전포고를 했다.

"아국(我國)은 타국을 괴롭힌 일이 없는데 타국이 아국을 괴롭힘은 무슨 도리인가." 하는 포고문을 쓰고 그 말미에 "멀리 풍파에 시달려 시장할 테니 약소하나마 거세한 황소 세 마리, 닭 50마리, 달걀 1만 개를 보내노라"라고 했다.

세상에 이 같은 우호적인 선전포고를 동서고금을 다 내놓아도 어느 나라에서 찾아볼 수 있었겠는가. 그러나 조선은 전쟁은 전쟁이고 아무리 전쟁을 하기 위해 우리나라에 들렀다 해도 손님은 손님이니 환대해야 한다는 이 논리가 통했던 우리의 환대문화가 정말 놀랍지만 그렇게 체질화된 따뜻한 우리 민족이었다.

아모레퍼시픽 서성환 창업주는 2003년 1월 돌아가시기 전 둘째 아들을 불러 마지막 이야기를 들려주었다. 어릴 적 어머니가 항상 식구용 밥상 옆에 작은 밥상 하나를 따로 차려 놓은 이야기이다. 창업주 모친은 1932년 개성에서 동백기름을 만들어 팔기 시작했는데 질이 좋아 기름을 사려는 사람들이 많이 몰렸다. 사람이 많아지자 밥상 하나를 더 차려 놓고 누구라도 끼니를 거르는 일이 없도록 대접했다. 손님이 없는 날은 동냥 온 걸인에게 상을 내주었다. 자녀 여섯 명을 챙기기도 넉넉지 않았지만 모친은 주변부터 챙기며 남을 돕는 모습을 자녀들은 자연스럽게 보고 배웠다. 창업주는 회사를 키우면서 6·25 미망인들에게 일거리를 주려고 방문판매라는 시스템을 도입했다. 차남 회장은 2016년 8월에 3천억 원으로 기초과학육성을 위한 재단을 만든 것은 모친으로부터 배운 모두 잘살 수 있는 길을 여는 이웃 사랑이라 여겨진다.

우리의 인정, 환대문화는 너무나 자랑스럽고 아름다운 순수한 품성에서 나왔다. 세상이 급속도로 발전하여 주거 환경이 달라지며 통계자료에 의하면 5인 중 1명이 1인 가구가 되어 개인주의가 절로 퍼지고 한 이불에서 서로 정을 나누던 가족이 해체하다시피 세대 간 소통이 단절되어 따뜻한 정이 메말라 간다. 욜로족(YOLO-You Only Live Once)이 생기면서 한 번뿐인 인생에서 기회를 놓칠라 현재를 즐기며 살자는 젊은이들의 가치관과 맞아떨어진다고 한다. 지금은 300명의 국회의원이 법을 수없이 만들어내건만 해결 못할 일이 날마다 쌓여만 가고 빈민자는 늘고 삭막해 팬데믹에 발목이 묶여 저성장의 늪에서 모두 힘들지만 이웃의 행복이 내 일처럼 기뻐하던 우리의 인정, 거리 두기로 서로서로의 인정이 멀어져 가는 것만 같아 너무 아쉽다. 온화하고 고운 한국인의 정이 그리운 계절이다.

2022.『계간문예』 봄호

파란 보리밭에 맴도는 예술혼

6월의 파란 들녘이 눈이 부시도록 아름답다.

호남평야 만경((萬頃)에 다다르면 파랗게 파도치는 들녘이 가슴 설레게 하는 보리밭을 만난다. 언제인가 잊고 지내던 푸르른 보리밭이 옛 친구처럼 반갑기 그지없지만 몇십 년 전 우리의 조강지처(糟糠之妻)의 가난했던 애처로움이 눈에 어리어 눈물을 글썽인다. 이번 지자체에서 준비한 '고창 청보리 축제'에는 많은 사람들이 모였다.

지난날을 생각해 보면 6·25전쟁은 이 땅을 폐허로 만들어 겨우 목숨을 부지한 사람들은 혹독한 추위와 배고픔에 시달려야 했다. 전쟁이 1950년 6월 25일부터 1953년 7월 27일까지 총소리가 빗발치는 전쟁 3년 동안 농사도 공장도 아무것도 가동할 수 없는 공포 속에서 다 망가졌다. 그 몸서리쳐지는 전쟁이 잠시 정전협정 속에 총소리는 멈췄지만 전쟁이 남긴 상처는 해가 가도 좀처럼 나아질 기미조차 보이질 않았다.

춥던 겨울이 가고 아지랑이 피어오르는 봄이 오면 철없는 우리들은 삼촌이 선물한 낭만파 시인 바이런의 시집을 끼고 산으로 들로 친구들과 쏘다녔지만 가족의 생계를 어깨에 진 어른들은 근심이 이어지는 봄철이었다. 농촌에서는 겨울을 나면 이미 양식은 바닥이 났는데 보리가 나오기 전 춘궁기의 가파른 고개는 높기만 했다. 해가 질 줄 모르는 봄날은 왜 그리 길던지, 긴긴날 넘어야 할 고개는 어디 보릿고개뿐이랴. 한참 잘 먹어야 할 청년들은 자유조차 목말라 민주화운동에 허기진 배를 움켜쥐고 많이도 스러져 갔던 시절이었다.

세계 최빈국, 국민소득 67달러, 아프리카 가나에 비견하던 그 사무치는 설움이 한이 되었다. 한겨울 한 차례 학생들을 동원하여 밟아주던 보리밭, 날씨라도 따뜻해 보리가 웃자라면 그해 보리 농사는 망치기 때문에 얇은 운동화를 신은 어린 우리 학생들이 줄을 지어 밟았지만 보리는 밟힐수록 강인한 생명력으로 뿌리를 지탱하고 죽지 않으려 몸부림치며 일어섰다. 마치 일본 제국주의 압박에 시달리며 나라를 찾으려 목숨을 내놓은 구국 열사들의 기개와 같았다. 외세에 시달려 온 우리 민족만큼이나 질기고 질겼지만 보리로는 우리의 허기를 채워주지 못했다.

그러나 1970년대이던가. 농사에 혁명이 일어났다. 채산성 없는 보리보다 대량 생산해서 배고픔을 면해야 되겠다고 농촌진흥청과 서울대 어느 교수의 끈질긴 연구와 노력 끝에 기적의 벼라

이르는 '통일벼'의 품종을 심으면서 보리는 점차 우리 주변에서 사라져 갔다. 지금은 쌀이 너무 남아 돌지만 그때까지만 해도 우리나라는 만성적인 식량 부족에 시달려 경제 발전의 큰 장해 요인이 되었다. 이제 다량 생산하던 통일벼를 기념하기 위해 1972년에는 벼 이삭을 넣은 50원짜리 동전을 한국은행이 발행하며 기뻐했지만 그 지긋지긋한 천수답의 농사로는 가난을 벗을 수 없어 우리는 공업국가로 태어나 보려고 발돋움을 해 마침내 국민소득 1만 달러를 달성했다. 경제협력개발기구(OECD)에 가입하고 우리는 넉넉하다고 착각을 하면서 보릿고개는 까맣게 잊혀져 갔다.

그 무렵 화가 이숙자의 「보리밭」 연작이 화제가 되었다. 그것은 떠나 온 그리운 고향을 떠올리는 보리밭이었다. 노란 캔버스에 파란 보리밭이 출렁이고 있었다. 세종문화회관 층계에 심은 보리를 예술품처럼 감상하고 올림픽대로를 달리며 한강 둔치에 파란 보리를 만나면 여유만만하게 윤용하의 「보리밭」 노래가 절로 흥얼거려졌다.

그러나 윤용하의 보리밭은 신이 나는 노래가 아닌 눈물겨운 노래였다. 1960년 초 호남지방에 공전의 재해를 몰고 왔던 사라호 태풍으로 전국적으로 의연금을 모금할 때 이 천재 음악가 윤용하는 내놓을 것이 없어 노숙자 차림의 허술한 겉저고리를 모금 장소에 벗어 놓고 갔다. 소매나 깃이 너덜너덜한 그 상의가 전 재산인 그는 그마저 자기보다 못한 사람을 위해 내놓았다. 그

낡은 옷이 무슨 도움이 되어서가 아니라 그는 그렇게라도 국민으로서 마음의 짐을 찾았던 사람이다.

어느 날 그가 보리밭 사잇길을 걸어가면 허기진 탓일까. 늘 허청기가 있어 분명히 들었는데 뒤돌아보면 아무것도 없었다. 그러나 그는 그곳에서 어른거리는 미(美)의 꼬리를 집요하게 찾았다. 이렇게 한 예술혼이 살아나 가곡 '보리밭'을 탄생시켰다. 그러나 40대 젊은 나이에 그는 요절했다. 이 천재 음악가가 누워 있던 곳은 수천 호가 집거하는 판자촌에서 판잣집도 못 되는 종이 상자를 뜯어 여민 단칸방 거적 위에 있었다. 이 나라의 가난한 보릿고개가 아니었던들 그 순수한 예술가가 누구의 눈길도 없이 그리 버려지지 않았을 것이다. 너무나 가슴 아픈 우리들의 보릿고개의 슬픈 노래의 사연이다.

고창 청보리 축제에 모인 사람들은 보리피리를 불어보고 보리개떡을 먹는 체험으로 그 눈물겹던 옛이야기를 알기나 할까. 웰빙 바람으로 보리밥집은 문전성시를 이루고 보리의 축출물로 친환경 화장품도 나왔다. 봄볕에 쑥쑥 자라는 보리, 알곡 줄기와 잎까지 모두 한우의 사료로 쓴다. 곡물과 건초까지 사료를 수입하던 것을 이 총체보리는 외화지출을 줄이고 농가의 소득을 올리며 고품질 한우도 길러내는 효자 작물로 변신했다.

테너 엄정행 교수의 '보리밭' 우리들이 애창하는 아름다운 '보리밭' 가곡은 예술의 영원성을 알리고 있어 그는 지금도 살아 있다.

오늘도 파란 보리밭 이랑에 일렁이는 보리를 보며 한 예술가의 발걸음 소리에 귀를 기울여 보지만 아무 소리도 들리지 않고 지금 살기가 부드러운 세상을 떠난 천재 음악가를 돌보지 못한 우리 사회의 아픔이다. 그 애처로운 모습만 더욱 진하다.

1999. 6.『수필문학』

4

4월의 봄날

오키나와 요미탄의 겨울 해변

찌는 더위도 가시고 간간이 귀뚜라미 우는 소리가 들리는 가을의 문턱에 그는 떠났다. 그의 떠남은 내 생애에서 가장 혹독한 도저히 감당할 수 없는 충격으로 겨울이 오기까지 조금도 헤어나질 못했다.

그의 성장 시기는 나라가 어려운 시기였다. 일본에 짓밟힌 우리의 강토는 8·15 해방을 맞았지만 피폐해진 나라를 수립하고도 아직 모든 것이 정립하기 전에 또다시 6·25전쟁으로 나라는 초토화되고 전쟁의 상흔이 여기저기 널브러져 모두가 고통에 시달릴 때였다. 1953년 정전은 되었어도 어려운 가운데 제대로 먹지 못하고 선수복조차 변변치 않았던 1954년, 스위스의 월드컵에 우리 축구선수들은 비 오는 진흙탕 속에서 열정적인 투혼으로 사력을 했지만 헝가리에게 0:9로 참패를 당했다.

그러던 다음 해 1955년 갓 대학생인 그는 공군으로 입대하여 최연소 육상의 멀리뛰기 선수로 그리스 아테네 국제군인육상경기대회에서 황금빛 금메달을 목에 걸고 귀국했을 때 의기소침(意氣銷沈)하여 기가 죽었던 국민들에게 모처럼 큰 기쁨을 안겨 주었다. 최빈국의 선수가 이름조차 모르는 나라들 앞에서 코리아를 빛냈을 때 얼마나 국민들은 열광했던가. 도시는 환호의 물결이 출렁이었다. 경무대 이승만 대통령은 선수단을 초청했다. 어려울 때 국민에게 희망을 준 선수들이라고 격려했다.

이어 1956년 분단의 독일 베를린에서 유학생 몇 사람의 응원 속에서 다시 메달을 땄다. 다시 1958년 제3회 도쿄 아시안게임에서 60만 교포가 지켜보는 가운데 우승 후보인 일본의 소노다 선수를 제치고 도쿄의 메인 스타디움에서 이룬 첫 금메달의 쾌거는 일본의 수도 한복판이라 그 기쁨이 하늘을 찔렀다. 교포들의 환호성과 라디오에서 터져 나오는 임택근 아나운서의 멘트는 온 나라를 뒤흔들었다. 도쿄의 하늘에 태극기가 자랑스럽게 휘날릴 때 '체력은 국력'이란 슬로건이 걸린 플래카드도 한껏 멋지게 바람에 펄럭일 때가 바로 그때였다. 그 일은 국민들에게 자부심을 심어 주었고 우리는 서서히 기지개를 펴며 세계 열강의 대열에서 뭐든 한몫을 해낼 수 있다는 희망의 메시지를 주었다.

그의 젊은 날은 빛났다. 경제가 전공인 그가 공부하는 틈틈이 지도자도 없이 외국 서적을 탐독하며 남몰래 닦아 온 기량이었기에 더욱 값졌다. 적령기에 스포츠 스타의 결혼은 도시가 떠들썩할 만큼 화려하고 화제가 만발했다. 연이어 그는 개인전, 단체

전에서 메달을 따서 국가와 국민에게 바친 공적으로 문화상과 최우수선수상 등 많은 상과 기록을 남기고 지도자로 강단에 섰다.

지난날 꽃이 만발하고 나비 나는 봄날의 향연이 화려했지만 정신없이 바삐 사느라 그때가 우리의 젊은 날인지 모르고 지냈다. 현역을 떠나도 각종 대회 준비에 지도자로 집에 돌아올 시간이 없었다. 우리는 여전히 우리의 생활에는 강물이 항상 흘러 서로 바라볼 뿐이었다. 내조라는 이름으로 나는 나대로 아이들 양육에 곁 눈길 줄 시간이 없었다. 국가의 부름에 언제나 즐겨 봉사하던 그와 나는 언제나 헤어지다 만나며 살아왔지만 아이들이 장성해 공부하러 외국에 차례차례 다 나가고 아들은 대입하자 군에 입대해 나 홀로 남은 어느 봄날, 그는 비상(飛翔)의 날개를 접고 아주 천천히 강물 위에 놓인 다리를 건너 집에 돌아왔다.

그는 이제 내가 손을 잡아 주어야 할 시간이 되었다. 그라운드의 총아로 건강을 자랑하며 젊은 날 국가에 바친 당찬 모습이었지만 이제 목자의 어린 양의 눈빛으로 연약한 나에게 맡기어야 했다. 나는 그의 뒷모습을 바라보며 측은한 눈물을 흘렸다. 끝날까지 그의 자존이, 그의 긍지가 허락하지 않는지 조금도 투병의 의지를 보이지 않고 묵묵히 언제나 나를 지켜보며 가끔 의미 있는 미소를 지었다. 그를 때면 나를 더 슬프게 했다. 어디가 아프다는 단 한마디도 하지 않은 그는 평소의 신사복 차림 그대로 과묵한 모습인 사관생이라는 그의 별호(別號)처럼 흩어짐 없는 모습을 떠나는 날까지 지켰다. 내 번호 찍힌 손전화 왼손에 들고 거실의 소파에서 오수(午睡)를 즐기듯 그렇게 떠났다.

그는 손님처럼 왔다 떠나갔다. 가장 가슴 아픈 일은 떠날 때 그 자리에 같이 하지못한 죄 때문에 나는 늘 죄인이 되었다.

이 겨울 우중충한 오늘 같은 날씨에 'song from a secret garden'의 슬픈 선율이 흐르는 서재의 창가에서 그를 그리며 쓰는 이 참회의 글은 눈물로 범벅이 되고 있다. 아쉬움이 그토록 죄짐이 되어 무겁게 내려앉는다.

이 쓸쓸한 겨울, 그때에도 눈이 많이 쌓였다. 나의 지친 심신을 추스리려 막내가 있는 오키나와에 왔다. 오늘도 똑같이 이곳 중국해가 바라보이는 요미탄 해변가를 거닐고 있다. 유독 예뻐했던 막내가 아빠를 가까이 보기 위해 영국 독일도 가지 않고 미국에서 가까운 오키나와까지 왔다. "우리 같이 오키나와에 가자"던 약속 버리고 급하게 그는 떠났다.

이번에도 지난번처럼 홀로 서글픔을 달래며 요미탄 바닷가를 거닐면 낙조의 긴 그림자는 구름 속에 사라지고 슬픈 사연 입에 물고 날아온 물새들이 훨훨 한 바퀴 돌다 하늘가 어디쯤 오르고 있다. 왜 이렇게 겨울철이 되면 요미탄 해변에서 허망한 그의 뒷모습이 그려지는지….

2006. 2. 오키나와 요미탄에서 『한국 포레』

내가 꿈꾸던 삶

다시 어릴 수만 있다면 얼마나 좋을까.

북한이 말썽을 부릴 때마다 어떤 이는 기왕이면 미국이나 프랑스에서 태어나기를 바라지만 나는 지금의 한국에서 태어나길 잘했다. 나의 부모님은 사랑을 남기셨기에 나도 이 땅에서 사랑을 실천해야 하기 때문이다.

원래 나는 UN대사처럼 국제연합 큰 무대에서 활동하기를 원했다. 그것은 우리나라가 6·25전쟁으로 다 망가졌을 때 모윤숙 선생이 유엔에서 연설하는 뉴스를 듣고 그때 어린 나는 꿈을 세웠다. 지금 반기문 유엔총장이 탄생했지만 그때는 참으로 요원한 일이었다.

나는 먼저 꿈에도 그리는 하버드 대학에서 국제정치를 공부할 것이다. 방학이면 오지 아프리카 등 국제적 관심이 소원(疎遠)한 나라를 방문하여 봉사와 생활을 통해 유엔이 무엇을 해야 하는지

심도 있게 경험을 쌓고 해결의 실마리를 찾기 위해 그들과의 생활을 두려워하지 않으며 그들도 하나님이 창조한 자녀임을 알게 할 것이다. 그들에게 희망을 주기 위해 기도부터 가르쳐야 하겠다.

어떤 방학에는 아프리카뿐 아니라 프랑스와 독일도 가야겠다. 그 나라의 특성은 무엇이 있기에 세계인이 선망하는가. 독일이 세계 제1·2차 대전을 일으키는 호전적 국가로 패전국이 되어 그야말로 나라가 거덜 났다. 그 많은 전비를 승전국에 배상하느라 살림이 바닥나 하늘을 치솟는 인플레이션으로 경제사회가 극도로 악순환이 거듭되었다. 이를 해소하기 위해 화폐 발행으로 물가상승률이 무려 한 주에 300% 상승에 이르렀다. 식빵 한 개를 사기 위해 돈을 바구니에 가득 가져가야만 사는 최악의 인플레이션에 시달린 나라다. 그러나 결국 화폐단위 절하로 살아난 본보기가 된 나라였다.

라인강의 기적을 이루고 G7의 당당한 나라가 된 독일. 유대인 학살에 지금까지 사죄하고 배상하며 반성과 후회의 본을 보인 독일, 1990년 통독을 하고도 큰 말썽이 없는데 상식 밖의 트집으로 잘 되어가던 개성공단에서 철수시키고 남북한 만남의 건물까지 폭파해 버리는 잔인성, 천안함 사건, 연평도 폭격, 왜 걸핏하면 용서할 수 없는 사건을 만들어 신뢰가 깨지는지. 국제정치사회에서 미숙한 자세를 보이는 북한은 어떤 연구를 해야 인간적 정의를 찾을 수 있는지. 이 민족과 게르만 민족의 차이는 어디서 오는지, 깊은 연구가 필요하다.

프랑스도 흥미롭다. 이전 세기에 호전적인 독일 옆에 이웃으로 살면서 견원지간(犬猿之間)이었지만 역사책을 공동 집필하고 유로의 대표되는 국가로 상부상조하며 프랑스 국민은 독일 국민을 세계 제일의 국가로 인정해 신뢰하고 지내는지. 우리의 이웃 나라 일본과 중국은 왜 하나같이 어려운 문제가 많은지. 프랑스인은 능력 있는 사람은 헝가리 이민자도 상관없이 대통령을 뽑을 수 있는 포용력이 어디에서 오는지.

프랑스인은 문화를 보존하기 위해 전쟁에서도 항복의 손을 드는 경지까지 이르는데 우리 민족은 왜 숭례문뿐 아니라 문화재 방화사건이 빈번히 발생하는지 알 수 없다.

지금도 이사장님들이 나에게 외무장관이라는 별호를 부르시지만 외무장관 가지고는 성이 차지 않는다. 국내 문제에 머물기보다는 풀리지 않는 어려운 국제문제를 풀어내어 세계의 평화와 번영과 인류의 복지를 위해 일하고 싶기 때문이다.

그때처럼 '공부벌레'라는 이름값을 하고 싶다. 내 특유의 열정이 사장(死藏)되었음이 못내 아쉽다. 아니면 UN에서 피아노 리사이틀을 열어 아프리카 굶는 어린이에게 쓰이거나 땅을 깊이 파서 생명수를 콸콸 나오게 해서 물이라도 실컷 먹이고 싶다. 그곳 여인들, 날이 새면 고달픈 물 긷는 일 그만두고 컴퓨터에 앉아 세상 돌아가는 것을 같이 발맞추며 아프리카 여인들도 선진국 여성처럼 보통 사람으로 살아간다면 얼마나 좋을까.

분쟁 지역을 돌며 총보다 화해를 이끌어내는 미 국무장관 키

신저보다 더 지혜로운 방법으로 종교의 갈등과 인종의 갈등, 국가 간 갈등을 해소하는데 일하고 싶다. 작지만 야무지게 대한민국의 똑똑한 외교관으로서 나라의 자랑이요, 세계사에 남을 만한 공헌을 해 가장 즐겁고 행복한 생이 될 것이다.

전쟁 후 학교에도 겨우 피아노 한 대 있을까 할 때 아버님의 오르간 선물도 큰 힘이 되었다. 다른 친구들은 전쟁으로 흩어질 때 나는 음악공부를 계속했다는 그 사실이 너무 소중했다. 지금까지 음악의 아름다운 세계에서 희로애락의 큰 위로로 평생 음악속에 묻혀 무지갯빛 황홀한 경지를 주셨으니 얼마나 감사한 일인가.

나는 전쟁세대로 여건은 하나도 없었고 다시 돌아갈 수 없어 아쉽기 그지없어도 문득문득 운전 시나 걸을 때 나의 야무진 꿈을 되뇌며 한숨을 쉬어보지만 마치 실천한 듯 오늘 하루가 행복하다.

2014. 8. 『시사금융』(박지연의 시사파워)

젖은 눈망울

코레일에서는 지난번 서울역에 분산해 지내고 있는 노숙인들을 퇴출시켜 서울역의 변모를 새로 보일 것이라고 했다. 그에 대한 찬반의 논란은 일고 있는데 내 머리속에서 떠나지 않는 한 모습이 있었다.

하루의 일과를 마치고 늦게 돌아가는 지하철의 승객들은 피곤한 무게를 이기지 못하고 거의 졸고 있다. 건너편 자리에는 남루한 차림새로 보아 예사롭지 않는 한 여인이 옆에 허름한 보따리 두어 개를 끼고 있다. 나는 그에게서 눈을 떼지 못하고 지켜보았다. 그는 안절부절 창밖을 내다본다. 나도 벌써 내려야 할 역이 당도했는데 내리지 못하고 그의 동작을 주시했다. 드디어 서울역에서 내리는 그를 따라 나도 내렸다.

기자 시절 취재하는 습성이 있어 호기심을 누르지 못하고 그의 행방이 궁금해 묻고 싶었지만 참고 뒤를 따랐다. 뭇 발길이 오가는 4호선 긴 복도 어느 구석을 마치 익숙한 자기 집에 온 것처럼 한 자리를 잡는다.

그나마 괜찮은 자리는 재빠른 이가 먼저 와 때가 덕지덕지 묻은 이불을 머리까지 뒤집어쓰고 잔다. 남자들은 사업에 실패하거나 직장을 못 얻고 생활에 쪼들리다 집을 뛰쳐나와 갈 곳이 없어 그만 노숙인으로 전락한다. 이런 누추한 곳에서 잠이 올까. 생각하면 속이 상한다.

"그도 가장인데 그의 아이들은 어찌 되었으며 그의 아내는 어떻게 살아갈까. 어떻게 해야 그들이 가정으로 돌아갈 수 있을까. 가장이 없는 아내는 살다 살다 빚만 늘어나 또 가출을 한다. 가정은 어린 아이들만 남아 칠순의 노모는 이 어린 눈망울이 불쌍해 노쇠한 몸으로 거두고 사느라 삶이 벅차다. 풀리지 않는 악순환의 고리를 어떻게 끊어야 할까." 마치 누구에게 얘기하듯 나는 중얼거렸다.

지금 가을 들녘에는 벼가 잘 익어 누런 황금 물결이 일렁이고 사람의 손길을 기다린다. 제때에 거둬들이지 못하면 안 되는 농촌 실정이다. 배추며 모두 거둘 시기를 놓쳐 상품성도 떨어지고 비라도 맞으면 어찌할까. 어제 농촌을 돌아보며 딱한 실상을 알았다. 노인만 남아 정말 일손이 모자라는데 부지런히 일어나 농촌의 일손이라도 도우면 좋으련만 왜 노숙자로 전락해 누워만 있을까. 이런저런 생각으로 시간이 가는 줄 모르고 나는 그 처량한 곳에 서 있다.

남자들은 아무데나 벌렁 누워 누가 몇 푼 건네주면 끼리끼리 모여 소주잔을 돌리고 있다. 그러나 여인들은 제 몫을 제대로 못한 여인들이다. 장애로 버림 받았거나 가난과 무학으로 도저히 생활인으로 살아갈 수 없어 가정에서 심한 정신적 학대를 이기지 못해 거리에 내몰리는 실정이다. 이리저리 배회하다 결국 노숙인이 된다. 또 여자는 남자에 비해 갖가지 폭력에 무방비 상태로 노출되어 있다. 그들을 수용해서 정신교육으로 재활을 돕는 시설이 있지만 신원을 확인하고 신체검사를 받고 일정한 교육을 받아야만 한다. 그들은 그 번거로움을 기피한다.

좀 더 자유스러운 서대문 공원 옆 구세군 드림인 센터는 초만원이고 서울역 인근 교회에서 수용하기도 하지만 그들은 낮에는 무료급식을 마치고 양지바른 서울역 벤치나 편편한 자리에서 누워 해바라기를 한다. 다 같이 대도시에서 숨 쉬고 사는데 행인들은 알 수 없는 감정이 착잡한지 힐긋힐긋 바라보며 지나간다. 날은 점점 추워가고 있는데 해가 지면 다시 아래로 내려가 골판지상자에 몸을 가리고 옷을 있는 대로 입고 술 한 잔에 떨어져 자다가 동사를 하고 만다. 늘 허기진 그들은 앉은 채 숨지는 일이 허다하다.

서울의 관문, 서울역은 높은 천장에 편의시설을 잘 정비되고 넓을 공간을 확보해 너무나 화려하게 재건축되어 국제적인 도시의 면모를 갖추고 있어 누가 보아도 손색이 없다. 고도 문명의 상징인 고속철이 미끄러지듯 달리는 멋지고 자랑스러운 모습이지만 그러나 바로 에스컬레이터를 몇 개만 내려가면 초라하고 불쌍한 그들이 한눈에 들어온다.

노숙인 문제가 오늘 내일에 당장 해결할 수 없는 어려운 문제이긴 해도 겨울이 닥치는 이 시기에 국가적 사회적 관심이 더욱 절실하다. 의무 교육이 실시된 지 언제인데 아직껏 그조차 혜택을 누리지 못하고 가난의 대물림으로 무학의 신세가 되었는지. 내기 쫓아 온 이 여인도 초점 잃은 눈망울이 어딘가 모자라 보이고 부끄러움이나 설움 같은 표정도 없다. 그 멀쩡하고 건강한 육체로 아직 일할 나이인데 자기 앞 가림을 못하고 모성애를 지키지 못한 채 내가 누구인지조차 모르고 멀쩡한 몸을 서울역 지하도에 내팽개치다니 큰 걱정이다. 그 얇은 입성으로 남자들 노숙인 틈에 끼어 시멘트 바닥에 몸을 맡기고 있다니 그것도 살아가는 여인의 모습인가.

선진국가를 향해 달리고 있는 우리 사회가 어떻게 해야 다 잘 살 수 있을까. 그들을 절망에서 희망의 작은 불빛을 향해 자리를 툭 털고 일어나 일에 대한 의욕을 갖도록 할 수 있다면 얼마나 좋을까. 엄마 아빠를 기다리는 그의 자녀들의 젖은 눈망울이 초라한 그녀의 젖은 눈에 얼비쳐 몇 방울 눈물을 훔치고 돌아서는 눈조차 시리다.

벌써 밤은 깊어가고 싸늘한 기운이 온몸을 휘감는 거리를 마치 피붙이를 떼어 놓고 나 홀로 돌아서는 사람처럼 그 생각에 잠겨 오래오래 발길이 무겁기만 하다.

2007. 11. 『예술세계』

노마드(Nomad)의 물결 속에

꽃샘추위로 발걸음이 더디긴 해도 분명 봄은 우리 곁에 성큼 다가왔다. 화사한 햇살이 따뜻하고 살갗을 스치는 바람이 부드럽다. 이러한 날이면 가족이나 친지들과 나들이 계획으로 겨우내 움츠린 심신을 대자연 속에서 풀어내기에 얼마나 좋으랴. 또 다시 가족이란 무엇인지 생각하게 된다.

이전처럼 대가족은 아니지만 명절이 되면 혈육을 찾아가는 대이동을 보면 오가는 길이 힘이 들어도 혈육을 만나 그간의 소통하지 못한 정을 다시 매만지는 일이 얼마나 포근하고 위안이 되는 일인지. 그 힘으로 적어도 반년은 험한 세파 속에서도 잘 견디어내는 것이 우리의 삶이다.

나는 아이들을 누구보다 빠르게 유학을 보냈다. 입시에 시달려 엄마와 한가하게 정을 나눌 사이도 없이 바쁘게 대학을 나와 내몰듯 하나는 유럽으로 하나는 미국으로 갔지만 그들이 공부를

다 마치고 돌아오면 그때 엄마 아빠 곁에서 단란하게 당연히 살 것이라는 생각을 했다. 하지만 그것은 허망한 꿈이 되고 말았다.

그들은 공부하며 나름대로 어려움을 딛고 노력해서 그곳에 깃을 내리고 정착해 엄마 아빠의 곁에 돌아올 수 없는 그 나라의 시민이요, 조직원이 되어버렸다. 이제는 조기유학으로 기러기 아빠들의 희생을 내면서 유학의 붐이 일어나 웬만한 가정도 마치 반 해체처럼 조촐하고 쓸쓸하다. 나도 때때로 아이들이 돌아오지 않아 서운할 때도 있지만 그들의 삶을 부모가 평생을 지켜주며 대신할 순 없기에 그들이 장차 살아야 할 길을 찾아간 것을 지극히 잘한 일이라 여겨 왔다.

한편 생각하면 노마드(Nomad)의 물결이 서서히 일고 있는 게 아니라 확연히 출렁이며 정착하고 있다. 프랑스의 석학 자크 아탈리는 노마드를 정의하기를 '일정한 생활 방식에 구애되지 않고 끊임없이 삶을 탐구하고 창조해온 인류의 보편적인 가치'라고 이야기한다. 또 노마드란 디지털 시대를 살아가는 현대인의 새로운 생존전략에 합당한 것이라고 말하기도 한다. 어쩌면 한곳에 정착해 모여 살던 농경사회를 지닐 때부터 예견된 일인지도 모른다. 지닌 산업화사회가 되었을 때 도시로 공장으로 일터를 찾아 나섰다. 더구나 지금 디지털시대는 날마다 변화하는 사회현상과 삶의 방식이 더욱 빈번하게 바뀌가고 있다. 평생 직업의 개념이 사라지고 10년, 20년이 멀다 하고 쇠퇴하며 새로운 직업이 탄생하기 때문에 이에 적응하려면 어쩔 수 없이 공간 이동은 필수적이다. 지구촌

시대에 외국에 나가 흩어져 사는 것은 마치 이전에 유목민처럼 풀꽃 찾아 따라다니는 시대로 환원하고 있는지 모른다. 기존의 가치와 삶의 방식을 부정하거나 파기하고 불모지를 찾아 새로운 것을 창조해내는 일체의 방식을 모두 말하고 있다지 않은가.

노마드(Nomad)란 공간 이동뿐 아니라 새로운 가치를 창출하려면 무한 경쟁시대에 끊임없이 움직여야 한다는 이론이다. 그렇게 본다면 아이들이 내 곁을 떠나 그들의 원하는 나라에 적응해 부단히 노력하여 사는 것은 가장 잘한 일이라고 받아들여 스스로 위로를 해 왔다. 또 세계 제1의 우리의 교육열은 선진국에 나가 그 기술을 배워 선박 원자력 휴대폰 인터넷 등 세계 제1의 산업 동력으로 발전시키는 데 공헌을 해 온 게 사실이다.

지난 설 때의 일이다. 이미 둘은 유럽과 미국에 있고 아들은 서울의 직장에서 열심히 뛰고 있다. 아직은 혼자이기 때문에 마음 놓고 국내외 출장도 빈번히 드나든다. 그러나 일에 지친 아들은 친구 멤버들과 필리핀으로 휴가를 떠났다. 그때마다 아이는 미안한지 봉투를 준비해 '엄마도 친구들과 여행을 다녀오시라' 하지만 설날에 집을 지킨다는 마음으로 혼자 남게 된다. 이전에 아이들과 있을 때처럼 시장을 보고 음식을 장만해 상을 준비한다. 그러나 정작 상을 차려보면 둘러앉을 가족이 멀리에 있어 가슴 무너지는 고독감과 쓸쓸함으로 나조차 음식을 전혀 들지 못하고 만다. 그리고 울적한 마음은 어느새 그리움과 외로움이 한꺼번에 밀린다.

평일이라면 그 많은 문인과 친구들이 아침저녁 바쁜 시간에도 식사를 제대로 하는지 별일은 없는지 홀로 남은 나에게 많은 관심과 사랑을 보냈다. 그러나 명절에 누가 남의 집에 선뜻 먼저 전화를 하겠는가. 집안은 조용하다 못해 적막하다. 일 년에 한두 번 명절이라도 혈육이 모여 떠들썩하고 정을 확인하고 같이 행복해하는 시간을 갖는 것은 우리들이 가장 바라는 기쁨이다. 사람은 사람이 가장 그립다. 더구나 혈육의 그리움을 참다 못해 결국 눈물을 쏟고 만다.

노마드를 누구보다 잘 이해하며 그 흐름을 앞서 잘 적응했다 싶었던 나는 명절이 오고 텅 빈 집안이 되면 내 정서는 다시 원점으로 돌아간다. 이번에도 외국에서 아들은 로밍으로 별일 없는지 엄마 혼자 남기고 온 일에 마음이 놓이지 않아 전화를 걸어온다. 딸들도 미리 안부 전화가 온다. 그러나 같이 호흡하고 보이지 않는 허전한 마음을 어떻게 말하랴. 공부시키려다 어느 사이 다 놓친 아이들처럼 이산가족이 되어 나 혼자 감당하기란 너무 힘들다. 노마드의 물결 속에 지금 혈육의 그리움은 아직 극복되지 않고 있다.

마치 내가 잘못 살아낸 삶처럼 허망하다. 어찌 나뿐이랴. 빈 둥지 증후군으로 이 시대의 부모가 겪어야 하는 새로운 아픔이 되고 있다.

2007. 2.『한국수필』

새벽바람을 가르며

나는 언제나 새우잠을 잤다.

자기 전 예습 복습을 마치면 책가방을 머리맡에 챙겨 놓고 잠을 자지만 마치 여행자가 간이역에서 졸음을 쫓듯 4시 통금해제 사이렌이 울리면 가족들이 깨지 않도록 살금살금 집을 나선다. 사위는 캄캄한 밤이다. 멀리서 개 짖는 소리도 간간이 들리지만 통행금지는 해제되었어도 아직 통행자 없는 거리다.

통행금지(Suspension of traffic)는 특정한 시간이나 지역에서 사람이나 차량의 통행을 포함해 통행을 금지시키는 일이다. 우리나라는 1945년 9월 7일부터 실시하여 1982년 1월 5일에 해제되었다. 이는 북한과 대치 상태이기 때문에 해방 후 미군 군정청이 처음 실시한 것이다.

밤 12시가 되면 요란한 사이렌이 울려 때로는 놀라고 시끄럽기도 했다. 그 전에 택시를 잡느라 거리는 전쟁터가 된다. 버스나 막차에 걸리면 놓치지 않으려 남학생들은 차창으로 끼어들어 마치 피난 열차를 방불케 했다. 그조차 놓친 사람들은 정거장 대합실에서 밤을 새우기 일쑤고 통행금지인 줄 모르고 다니다 연행되어 온 사람으로 경찰 보호소는 발 디딜 틈이 없었다. 그 시절에는 술 문화가 2차, 3차로 끝나지 않는 긴 술자리 때문에 술 취한 남자들이 많았다. 서서 졸거나 바닥에 주저앉아 잠들지만 날이 새면 직결심판에 회부되어 벌금을 내고 풀려나오기도 해서 남자들은 누구나 한 번쯤 경험이 있다.

그러나 신년 연휴나 광복절, 성탄절 같은 특별한 날에는 사이렌이 울리지 않았다. 사람들은 '이때다' 하고 명동에 몰려와 불야성을 이루고 마치 해방된 사람들처럼 밤새도록 북새통을 이루고 인파가 넘쳐났다.

나는 통금에 걸린 적은 없지만 4시가 되면 아무도 없는 캄캄한 개천가 거리를 뛰고 뛰었다. 아직도 새벽 별은 졸지 않고 외롭게 뛰는 나를 따라 주었다. 새벽 공기는 너무 차가워 코가 매울 때도 있었고 세수하다 물이 묻은 머리는 얼어서 뛸 때마다 무겁게 찰랑거렸다. 그래도 남들보다 일찍 무엇인가 시작한다는 일에 자신감이 특별했다.

아주 멀지 않은 학교에 당도해 작은 문을 가만히 밀고 들어가면 큰 강당 옆에 수백 년 됨직한 느티나무가 새까만 짐승처럼 버티고 있어 섬뜩 무서웠다. 나무를 지나면 길도 잘 보이지 않지만 발소리를 죽여 숙직 선생님이 깨실까 봐 조심조심 숙직실 옆을 지나고야 2층에 오르는 문이 나온다. 삐걱거리는 나무 계단을 가만가만 오르는데 바로 2층 작은 창문에 커다란 검은 물체가 보였다. 나는 너무 무서워 뒷걸음치다 그만 굴러떨어져 다칠 때도 있었다. 그것은 창문에 비친 나무와 잎의 그림자가 바람에 흔들린 것을 착각한 것이다. 이런 겁이 많던 고비를 여러 번 거치고 컴컴한 음악실에서 불을 켜고 피아노를 혼자 독차지한다는 것은 가슴 뿌듯한 멋진 일이었다. 지금은 집집마다 학용품처럼 피아노가 있지만 그 무렵 피아노는 강당과 음악실에 단 두 대밖에 없었던 시절이다. 중고등부 선후배 음악부 회원들이 등교하기 전 빈 시간에 연습하는 기쁨을 나는 놓칠 수 없었다. 숙직 선생님이 들리지 않도록 소프트 페달을 밟고 열중하다 보면 어느덧 창문에 햇살이 밝게 비치면 페달을 풀고 신나게 완성도 높은 음악을 만드는 쾌감은 나만의 특별한 행복이었다.

엄마는 잠도 설치고 아침을 거른 딸이 안쓰러워 동생 선자의 초등학교 등굣길에 도시락을 보냈다.

이런 통행 금지가 1982년 1월 5일 37년 만에 제주도와 충청북도를 필두로 먼저 해제되었다. 그 외 관광지와 도서들은 순차적으로 해제되고 휴전선 부근과 일부 해안선 지구는 특수지역으로 지연되기도 했다. 그토록 오랫동안 아까운 밤 4시간을 북한 때문에 고스란히 잃어버린 것이다.

그 후 우리는 24시간 밤낮을 잊은 채 제조업의 산업현장에서 문화와 학술연구 등 모든 기업들이 열심히 일해 GDP 2만 달러

넘어 3만 달러가 넘는 국민이 되었다.

요즘 잠이 오지 않은 밤에 48층 고층에서 창밖을 내려다보면 거리의 불빛이 별처럼 반짝이지만 오래전 불도 없는 캄캄한 거리를 송판 두 조각으로 '딱 딱 딱' 소리를 내면서 골목길을 지켜주던 고마운 야경꾼들이 생각난다.

야경꾼은 어두운 밤 밤길과 호젓한 골목을 돌며 화재와 범죄를 경계하고 예방하는 게 그들의 일이다. 이는 조선시대부터 내려온 일이기도 했다. 야경꾼은 2인 1조가 되어 나무 딱따기를 치거나 호각을 불었다.

그후 통행금지 해제가 되었어도 지금도 무서움을 잘 타는 내가 어떻게 남들 자는 시간에 컴컴한 거리를 그 두려움을 무릅쓰고 극성스럽게 달려갔는지, 피아노 음악에 깊이 심취한 어린 날, 그 열정의 덕으로 평생 아름다운 선율이 흐르는 공간에서 내 삶을 풍요롭게 한 것은 정말 잘한 일 중의 하나다. 그 성실함은 어디서 나왔는지. 아련한 옛 추억이 다시금 새롭게 미소 짓게 한다.

2015. 9.『문학공간』

2021년의 라스꼴리니코프

2021년 11월, 러시아의 문호 표드로 도스토옙스키(Dostoevsky: 1821년 11월 11일-1881년) 탄생 200주년을 조명하는 기사가 눈에 뜨였다. 나는 그의 많은 작품 중 『죄와 벌』의 주인공 라스꼴리니코프를 깊이 생각했다.

"그 노파만 없으면 그 많은 돈으로 천 가지 훌륭한 일들을 성취할 수 있고 수많은 가정이 빈곤과 파멸에서 구제할 수 있다. 벌레보다 못한 노파만 제거하면 된다."라는 생각에 전당포 노인 이바노브나를 살해한 라스꼴리니코프의 독백에 나는 화가 났다.

19세기 러시아는 니콜라이 1세 황제의 억압통치로 농노를 노예처럼 부리고 중소 지주들도 몰락해 국민의 불만이 고조되어 동란이 일어나고 농민들과 빈민층은 관료와 영주의 수탈을 피해 남쪽 경계를 넘어갔다. 남하 정책으로 끊임없이 전쟁을 일으켜 농노들은 희생되는 악순환 시대에 개혁을 외치지만 농노는 자주

권을 잃고 거처의 자유조차 속박당하던 시대인 1866년『죄와 벌』은 발표되었다.

작가는 그 시대의 사회현상과 정치적 문제를 예리하게 반영시켰다. 이미 자신도 누명을 쓰고 시베리아에 유형을 당했고 군 생활도 했으며 가난에도 시달려 봤다. 동시에 인간 본질의 근본적 문제인 죄와 벌을 다루며 인간 깊숙이 내재한 욕망이 사회적 규범과 상충할 수밖에 없는 문제를 제기했다.

우리 현실과 비교하면 시대상이나 사회상은 전혀 다르지만 현재 우리 젊은이들도 겪는 어려움이 심각하다. 서울에 올라온 한 대학생은 휴학계를 내고 중소기업에서 인턴으로 근무하며 당장 생활할 200만 원이 필요했다. 바로 애플리케이션(앱)으로 간편하게 은행에서 연 3%대의 금리로 대출을 받았다. 더구나 회사 근무로 시간이 없는데 모바일로 급전을 마련했으니 고마웠다. 최근 취업 시장이 얼어붙어 2030대를 중심으로 핀테크 앱 소액대출을 찾는 이가 늘었다. 이 대학생은 낮에는 인턴으로 퇴근해서는 알바를 찾아 일하며 부족함을 채우려고 몸도 마음도 온통 다 소진해 피곤하지만 빚을 갚아야 하며 등록금도 피나게 모아야 한다.

한편 청년들은 아무리 발버둥 치며 뛰어도 취업이 안 되고 취업을 한다 해도 주택 하나 마련하기란 아득해 결혼이나 연애를 할 꿈도 못 꾼다. 천정부지로 오른 집값을 따라갈 길이 보이지 않아 취직, 연애, 결혼 등 모든 것을 포기하는 'N포세대'가 되었다. 이런 고용 쇼크에 젊은 층의 반란이 일어났다. 이대로 주저앉으면 영원히 낙오자가 된다는 절박한 마음은 어떻게든 살아남기 위해 신용 융자와 쥐꼬리만 한 종잣돈을 가지고 재산을 불려야 된다는 마음이 조급해 모두 '영끌, 빚투'에 뛰어들고 있다.

2020년 저성장 저금리로 어려운 경제 여건 속에 코로나19 바이러스의 팬데믹으로 주식시장은 폭락장이 되었다. 2030 세대에게는 일생일대의 기회라 여기며 놓치지 않고 주식계좌를 동년대비 50%가 넘게 개설했다. 이들은 영혼까지 끌어다 주식에 베팅하는 동학개미가 되어 이에 만족하지 않고 하루 상승률 30% 제한이 없는 미국이나 유럽 중국 대만의 해외 증시에 눈을 돌려 서학개미 군단이 되었다. 이들은 외국인들이나 기관의 대량 매도가 쏟아지자 폭락장이 되는 걸 번번이 방어하는 열풍의 수훈을 세우기도 했다. 그들의 열망이 안쓰럽기도 하다.

이런 세계 최강의 우리 젊은이들은 누굴 탓하지 않고 목숨을 걸고 타개하기 위해 새로운 감각과 기존의 틀을 깨는 도전의식으로 주눅 들지 않는다. 글로벌 감각이 뛰어나 기업과 K팝 K컬처로 뭐든 글로벌의 시선을 끌고 있다.

생각하면 1950년 6·25 3년, 한국전쟁을 당하고 67달러의 GDP, 가나에 비견하던 최하위 가난하던 우리, 세계 10위권의 수출 경제대국이 된 건 모두 우리의 도전을 두려워하지 않는 악착스러운 정신력이다.

불행하게 죽임을 당한 이바노브나는 고령에도 국가의 혜택도 없이 누구에게 의지하지 않고 경제활동을 통해 스스로 자활하며 가족 부양까지 하는 건강한 사람이다. 투자회사의 어느 회장은 "돈을 일하게 하라"고 했다. 그는 자기 자본으로 저당물을 맡긴 대신 돈이 일한 대가를 받아 수요공급의 원칙을 지켰을 뿐 그는 자선사업가가 아닌 저당물을 받고 편리하게 돈을 빌려주는 서민금융인일 뿐이다.

그러나 1860년대 5층 다락방에서 가난하게 기거하는 라스꼴리니코프는 저당물이라곤 시계와 담배 케이스뿐이었다. 그는 일할 기회를 주지 않는 그 나라 러시아를 원망해야 한다. 그는 선악의 개념이 혼돈 상태였지만 하늘이 내린 한 사람의 생명을 누구도 빼앗을 권리는 없다. 그의 행동은 비범한 것도 정당한 것도 아니다. 독재에 시달려 희망을 잃고 좌절하며 피폐해져 가는 정서에 정의를 통제할 정신적 여력이 없는 그를 감싸려 해도 그는 이미 살인자다.

불쌍한 라스꼴리니코프는 전제주의 러시아에서 태어나 젊음의 패기를 펴보지 못한 불행한 젊은이다. 통치가 국민의 삶을 어떻게 이끄냐가 얼마나 소중한가를 일깨운 작품이다. 우리는 역사에서 이런 불행한 젊은이를 많이 보았다. 위정자의 각성도 요구되지만 러시아는 국민들에게 희망을 주지 못한 사회로 불행한 환경이다.

작가 도스토옙스키는 가난한 군의관의 아들로 태어나 빈민병원 복도에서 극빈 아이들의 굶주림과 분노를 보며 자랐다. 그는 러시아의 군주제를 반대한 운동으로 핍박당한 작가다. 요즘 어려운 시대와 묘하게 겹친다. 통로가 아주 막힌 그 시대의 청년과 달리 2021년의 청년들의 용기와 성실을 보며 우리 젊은이들의 희망을 본다. 그러나 이 작품을 통해 작가의 갈등과 대립의 고뇌를 살피며 러시아 청년들의 불행에 위로를 보낸다.

2021년 『펜문학』 7.8월호

자소서 못 쓰는 시대

입시철이 다가오면 자소서 걱정도 따라온다. 자소서란 자기를 소개하는 글이다.

지난해 12월 교육부는 '대입제도의 공정성 강화 방안'을 발표하면서 자소서가 폐지되었다. 하지만 수능을 마친 학생과 학부모는 수시모집에 따르는 자소서를 마쳐야 마음을 놓는다.

2024년부터 적용한다고 하지만 그 안에 고충은 여전하다. 한국대학교 교육협의회가 제시한 공통문항을 채우기 위해 3년 동안 학업에 노력한 학습 경험과 교내 활동을 어떻게 했는지, 어려운 일을 이겨낸 과정과 봉사활동의 실적, 수상 경력과 스펙 등 이러한 내용을 잘 쓰기란 쉽지 않다. 소수의 학생은 스스로 작성하겠지만 이 과정에서 과장 표현도 나오고 표절이 보이기도 한다. 그도 아니고 다급하면 때론 전문가의 도움을 받다 보면 학부모의 부담은 더욱 커지는 폐단이 야기되었다. 하지만 이를 검증

하기도 어렵고 오히려 입시 비리의 주범이 되기도 해 교육부가 이 같은 불평에 이번에 부응한 것 같지만 한편 자소서 도입 취지에 역행한다는 주장도 나온다.

그러나 자소서는 대입 입시뿐 아니라 취업 시에도 자기를 소개해야 할 기회이며 사람의 성향을 알기 위해 일차적 관문이기 때문에 필요하다. 자소서뿐 아니라 우리 생활에서 글을 써야 할 일은 허다하다. 다년간 많은 것을 연구해 논문으로 발표해야 하고 많은 임상실험을 통해 좋은 결과를 학회에 발표해야 할 때도 글을 써야 한다. 학생은 졸업 논문과 때로는 석사 박사 논문도 써야 한다. 기업에서는 신상품을 개발해 많은 고객 앞에서 짧은 시간에 설득하려면 그에 맞는 상품 소개를 간단명료하게 잘 써야 한다. 이때 고객은 감동을 얻고 상품 구매로 이어진다. 하지만 이럴 때 글의 어휘 문법 문단 구성 내용 갖가지 글의 전개에서 어느 것 하나 요건에 맞지 않으면 내용이 오히려 훼손당하고 그 많은 연구의 결과에도 불구하고 소기의 목적을 달성치 못하고 다음 기회로 미루어지는 불이익을 감수해야 한다. 그러나 언제나 한정된 지면에 극대화시켜 시험관의 의도에 완벽하게 맞추기란 그리 쉬운 게 아니다.

글을 잘 쓰기 위해서는 우선 선별해서 많은 독서를 요구한다. 하지만 그것은 취향이라 여겨지고 내 경험으로는 닥치는 대로 읽는다. 읽다 보면 주변 지식이 풍부해 글쓰기가 수월하다. 글을 쓰기 위해 순서와 내용 결말까지 배우고 익혀야 하지만 언제나 맑은 영혼으로 깊은 사색에 젖어 생각을 정리하고 떠오르는 착상을 놓치지 않도록 매번 많은 메모로 살려 놓아야 한다. 우리의 머리는 기억만을 의지하기엔 모자라기 때문이다. 메모에 의지해 긴 글도 나오고 짧은 글도 쓰며 때로는 시를 얻고 어떤 때는 수필로 이어진다. 날마다 일기에서 가장 정확한 시간을 얻기도 해서 일기는 생활의 정리뿐 아니라 생각의 발자취를 찾기도 해 갑자기 써 내려가도 표절이나 모방은 나올 수 없다. 평소 요점 정리하는 일을 다져온 솜씨라면 자소서가 무섭고 걱정할 필요는 없어진다.

몇 년 전 의료전문가의 수필공모를 심사한 적이 있었다. 바쁜 일상 속에서도 관심을 가지고 남모르게 훈련을 챙긴 전문가의 글은 대단했지만 좋은 내용과 특별한 전문성에도 불구하고 글이 완성 단계에 이르지 못해 아쉽고 당혹스러운 글도 있었다. 그러나 그들도 심사평에서 받은 부족한 부분을 보완한다면 꼭 좋은 글이 나오리라 확신했다. 100여 편의 글이 참가한 것을 보면서 그들도 글쓰기에 대한 열망이 넘침을 확인하며 그래도 고무적이었다. 글은 꼭 시를 쓰거나 소설을 모두 쓰라는 주문이 아니다. 요지에 맞게 명료하게 자기표현을 할 정도의 글솜씨는 국민 모두 갖춰야 할 것이기 때문이다. 자소서 때문에 컨설팅 업체에 위탁하는 빗나가는 일은 없어야 하지 않을까.

사실 요즈음 글쓰기에 어려운 시대에 살고 있다. 전철에서 보면 책을 읽는 사람은 없고 모두 스마트폰에 열중하고 있다. 얼마

전 출판계의 통계가 나왔다. 주력 독자층이 20대와 30대여서 그들은 베스트 셀러를 만들고 브랜드를 주도해 출판 소비를 통해 사회적 발언을 해 왔다. 그러나 '92년 김지영' 독자도 서점에 오지 않는다고 한다. 20대의 독자층이 급속도로 준 이유는 재미있는 캐릭터에 열중하고 학업과 스펙 쌓기, 취업 준비에 치중하다 보면 시간적으로 경제적으로 책을 여유롭게 읽기란 사치에 가깝다고 한다. 이래서 독서 절벽을 초래할까 염려된다.

미국 하버드 대학은 해마다 신입생에게 글쓰기 교육을 혹독하게 시키기로 유명하다. 신입생 전원이 입문 과정인 '논증적 글쓰기 10'과 고급 과정인 '논증적 글쓰기 20' 중 하나를 이수해야 한다. 그런 다음 심화 과정으로 넘어간다. 학생들을 꼼꼼하게 지도하기 위해 소수 정예 15명을 고집한다. 1872년부터 지금까지 149년째 이어온 전통이다. 수업은 토론 중심의 세미나 방식으로 교수들은 분야별 전문지식과 논리적, 표현력을 하나씩 키워준다. 창의적인 아이디어를 떠올리도록 이끌면서 몇 번이고 첨삭을 통해 학기당 3편의 긴 에세이를 완성해야 한다. 고급 과정으로는 수십 개의 논제를 놓고 에세이를 완성해야 한다. 글을 잘 쓰기 위해 사회학, 경제학, 철학, 역사, 문학 등 여러 분야의 책을 읽은 다음 한 가지 주제를 놓고 다양한 각도에서 에세이를 써보라고 권한다. 에세이 교실은 글쓰기의 여러 가지를 배우기도 하지만 명수필을 통해 새로운 인생을 배우기도 해서 많은 호응 속에 만족도가 높다. 학교에서 졸업생에게 물었다.

대학을 졸업하고 배운 여러 학과 중에 가장 많이 또는 가장 쓸모 있는 학과를 쓰라고 했을 때 “에세이 교실에서 배운 게 가장 실생활에 가장 유용하게 쓸 수 있었다”는 답이 90%로 우세했다.

글은 하루아침에 잘 쓸 수는 없지만 평소 무엇이던 관심을 가지고 깊이 사색하고 정리하는 데서 출발한다고 본다. 글쓰기가 생활의 일부라면 자소서가 교육부의 정책에 오르내리고 입시생의 짐이 되어서야 되겠는가.

2020. 2.『한국문인』 포토 에세이

아침의 나라

하루의 시작이 소중하듯 아침에 큰 의미를 두는 우리나라는 아침의 나라다. 옛 어머니들은 서천에 달이 지기 전에 일어나 샘물에 비친 달을 길어 정화수를 삼았다. 이를 용란(龍卵)을 긷는다고 했다. 이 용의 알을 길어 동녘 담 아래 차려 놓고 먼동 트기를 기다렸다가 손을 비비고 큰절을 하며 해맞이를 했다. 이러한 달과 해의 정기를 담은 신기를 부엌의 조왕단에 모셔 놓고 하루의 일과를 시작했다. 이는 우리나라 사람들의 원초적 신앙과 해맞이는 밀접한 관계가 있어 하늘과 교감한다고 믿었다.

그래서인지 벌써 세모가 다가오면 정동진의 해돋이와 모래시계를 보려는 인파는 해돋이의 표본이다. 산이나 섬들, 동해안 서해안은 해맞이 인파로 교통과 숙박 시설은 대만원이다. 거기에 독도 해맞이, 땅끝 해맞이까지 해를 맞기에 좋은 곳은 빈틈이 없다.

아침을 좋아하는 우리는 나라 이름도 아침 조(朝)가 들어 있을 만큼 소중히 여겼다. 프랑스나 이태리에서는 점포를 열어도 해가 뜨고 한참 후 10시경이고 스페인에서는 정오가 가까운 시간이 돼서야 러시아워가 된다. 스코틀랜드는 정초가 공휴일이 아닌 나라도 있어 생활의 시작이 우리와 다르다.

그러나 우리 국민들이 여러 나라에 이민을 가서 점포를 갖게 되면 남들 다 자는 새벽에 시장에 가서 신선한 채소나 생선을 가져다 준비하는 부지런함과 극성스러운 국민성을 다른 민족은 감히 따라오지 못해 대개는 타민족을 제치고 경제적 기반을 닦는 대성공을 거둔다. 심지어 우리는 '아침을 길게 쓰는 사람은 성공한다.'라고 믿고 있어 조기(早起)문화가 발달한 나라로 새해를 맞아야 한다는 정서는 그처럼 오랜 역사를 가지고 있다. 세계적인 한국의 단일교회를 보면 새벽기도에 몇천 명씩 참석한다. 새벽기도를 통해 가족의 길흉화복을 빌고 스스로 자신을 추스르는 시간으로 삼으며 맨 먼저 하나님을 만난다는 큰 의미를 담고 있어 먼 강원도에서, 부산에서 봉고차에 신자를 가득 싣고 오기도 한다.

구제역이 확산된 2010년에는 지방 자치단체의 해돋이 행사가 많이 취소되었지만 개인들은 여전했다. 우리도 종업식이 끝나자 동해안 북난 콘도를 향해 아침부터 서둘렀다. 겨울 산야는 눈이 덮여 너무 아름답다. 겨울 햇살은 하얀 눈에 반사되어 더욱 화창한 날 강원도의 확 뚫린 도로를 신나게 달렸다. 그 유명한 인제에서 꽁꽁 언 강을 뚫어 얼음낚시로 다섯 마리 은어를 잡는 재미도 있었다. 진부령 가는 길에 사계절 늘 들르는 용대리 황태덕장에 도착해 맛본 황태찜은 참으로 별미다. 그들이 챙겨주는 갖가지 산나물을 차에 싣고 이제는 미시령으로 길을 돌려 쾌속으로 송지호를 지나 달려왔다.

그러나 지난해와 달리 이번에는 속초의 영랑호반을 끼고 있는 영랑호리조트에 먼저 들러 하룻밤을 지냈다. 한쪽은 민물이라 얼어 하얗고 한쪽은 해수가 들어오도록 되어 파란 물이 된다. 높고 넓은 창에서 바라보면 멀리 푸른 동해 바다와 그 사이 숲과 선창이 보이고 바로 영랑호수가 그림처럼 아름답다. 삼국시대에 신라 영랑 화랑이 북벌을 마치고 경주로 돌아가는 길에 쉬었는데 경관이 너무나 수려해 그곳에 눌러 지냈다는 이야기가 전해와 그 호수를 영랑호라 명명했다고 한다. 벌써 몇 년째 들르지만 물은 연수라 샤워를 하면 매끄럽고 보드라운 게 여간 기분이 상쾌하지 않다. 아들이 참 로맨틱한 사람이라 이곳의 낭만을 무척 즐기는 덕분에 자주 오지만 그래도 창가에서 추억을 더듬기 딱 좋은 수채화 같은 곳이다.

다음 날은 고성(간성)에 도착했다. 눈 아래가 넘실대는 파도가 가슴 가득 안아 온다. 금강산 콘도는 해안가 바로 발아래 하얀 파도가 바로 닿는 독특한 자리에 있다. 2000년 건립 초기부터 들른 이곳, 푸른 바다를 바라보면 잊었던 사람들이 왜 그리 못 견디게 그리워지는지. 산에 오르면 가슴이 탁 트이지만 그리움은 어쩔 수 없다. 새해 카드를 보내고 왔건만 미처 누락된 사랑하는 벗들에게 바다를 바라보며 정신없이 문자를 보낸다.

그리고는 깊은 묵상으로 신년을 맞을 준비를 서두른다.

근하신년

저무는 해 잊었다 기억되는 이들
아픔도 살아나는 이 시간
작은 미련도 쓸어 보내는 바닷가
헛된 일에 매인 수많은 침적들
한 해가 저무는 이때
파도에 밀려 하얗게 비워간다

산에 오르면
세상 일 모래알로 작기만 해
내 마음 하늘에 온전히 맡기고
해 바꾸기 전 너에게
할 수 있는 말
못다 한 다정한 마음 다 주어도 아깝지 않아

근하신년 이 한 마디
새날에 복된 말 넉넉하여
세모가 배로 훌가분하다

너도나도 강원도를 찾은 것은 특별한 새 아침, 일 년의 새로운 날, 복된 날이 오리라 우리는 모두 굳게 믿어 온 아침의 나라 사람들이다.

2012. 1.『시사금융』(박지연의 시사파워)

4월의 봄날

2010년 2월 장기간의 미국 체류를 마치고 귀국해 3월 한쪽 다리도 아닌 두 무릎을 '인공관절치환' 수술을 받았다. 흔한 수술이지만 통증은 본인 아니면 짐작도 되지 않는다. 그간 운동을 많이 하면서 관리를 했어야 했지만 나는 오직 시간의 논리에만 집착해 '운동이란 운동마니아, 그들만의 전유물'로 알았다. 시간에 쫓기는 나는 차로 달리고 절대 걷는 것은 시간 낭비라 여겼다. 그래서 세상에는 거저 되는 게 아무것도 없고 뭐든 대가를 치른다는 것을 뒤늦게 깨달았다.

2010년 3월, 4월 봄이 왔건만 날씨는 연일 비바람에 진눈깨비를 뿌리고 천안함의 비극 속에 온 나라가 슬픔에 젖은 초상집 마당이었다. 병상에서 바라보는 하늘은 언제나 흐려 있고 통증은 한계에 이르렀다. 지난밤 수술대에서 내려온 사람을 간병인은 재활운동을 시키며 다리를 사정없이 꺾는다. 비몽사몽 자신을 추스를 수 없어 정신마저 놓아갔다.

그때 천안함의 비분이 온 나라에 요동쳤다. 꽃다운 나이에 조국의 바다를 지키다 산화한 그 가엾은 젊은 영혼을 위해 밤낮을 모르고 기도하며 같이 아프며 울며 지새던 병실이다.

언제나 봄이면 사색의 날이 많았다. 워커힐 벚꽃 구름이 뭉게뭉게 피어날 때 환희의 꽃망울에 사랑과 그리움을 매달며 유려한 왈츠로 설레던 그 봄이었건만 이제 한 발도 뗄 수 없는 이봄, 고개 들면 때 없는 눈발 비바람이 몰아쳐 꽃비로 춤추는 분홍 꽃잎들이 애상의 안개 낀 하늘을 뒤덮는다.

주렁주렁 달아낸 링거병, 무통약 어지럽게 걸린 수액들, 다리에 매단 피 주머니, 새 피 주입하던 긴 불면의 병실에 홀로 지새는 밤. 무채색의 공간에서 날이 새면 창 너머 환의(患衣)를 걸친 나에게 힘겹게 눈 맞춘 햇살 한 자락이 비추고, 우박에 다친 하얀 꽃 이파리들이 땅에 멋대로 떨어져 처량하게 뒹군다.

나는 빙판 위에 투혼의 곡예처럼 단 몇 걸음도, 한 걸음이 10리만큼 멀어 아득하여 두려워 아픈 다리로는 이제 끝이라 여겼다. 이 다리로 언제 또다시 막내를 볼 수 있는 미국을 갈 것이며 유럽을 갈 것인가. 절망 속의 나날은 나를 지치게 했다. 3주가 지나도 이제 내 몸은 내가 아닌데 간병인조차 떼어내고 이송된 재활원에서는 트레이너의 1:1의 인정사정없는 지옥 훈련으로 비명이 절로 나왔다. 무던히 참아내도 진땀이 흐르고 혼돈의 머리로 자신을 잃어 갈쯤 수면제로 겨우겨우 버티던 병상. 나는 점점 정신이 황폐해 갔다.

두 달 넘게 스스로 아무것도 하지 못하고 남에게 맡기는 일은 내 평생에 가장 힘든 시기였다. 이쯤 아프면 이제 세상이 끝이라 해야 맞을 것 같았다. 통증만 멈춘다면 끝이고 싶었다.

"이제 그만, 이제 그만" 절규하며 주님께 매달렸다. 주님은 이기지 못할 고난은 주시지 않으신다는 말씀을 붙들고 날마다 감사와 기도로 지친 날을 넘고 있었다. 몇 달을 비워 놓은 집에 귀가해서도 홀로 해내는 일은 터무니없고 암담했다. 참으로 오래 참음과 날마다 주님의 돌보심이 뼛속 깊이 새겨져 갔다.

오랜만에 귀가해 정원에 나와 운동 겸 몇 발자국을 떼며 나무들을 올려다보았다. 어느새 그 비바람 속에서 내가 아픈 사이에 저리 푸르름이 짙어 숲을 이루고 있을까. 그 사이사이 여름 단풍이 빨갛게 타오른다. 나는 마음속 깊이 솟아오르는 설렘을 보며 "아~ 살아났구나. 저 정원의 아름다움에 내가 감동하다니 이제 살았구나." 외쳤다. 그러나 여전히 몇 발자국을 떼지 못하고 벤치에 몸을 맡기는 처지이지만 나는 아프지 않은 척 사람들을 만나면 좀 서서 지나기를 기다렸다. 너무나 힘이 들어 처량해도 마치 산책 나온 사람처럼 지팡이에 의지 않고 견뎌냈다.

날마다 좋아지고 1년, 2년, 3년을 지나 더욱 튼실해진 다리.

늘 감사와 기도로 매달릴 때 주님께서는 2013년 7월 미국 오하이오주 콜럼버스를 또다시 밟게 해 주시고 뉴욕도 전철을 뛰어 오르내리며 사람들이 붐비는 군중 속을 헤치며 멀리멀리 걸어 다녔다. 허드슨강의 크루스도 뛰어 타게 하신 주님, 이 다리로 9/11의 메모리얼도 엠파이어 스테이트 빌딩의 100층을 타고 올라갈 수 있는 든든한 다리를 주셨다.

"주님은 더욱 경고해 주님께 많이 봉사할 수 있도록 해 주셨습니다. 주님 정말 감사합니다. 열악한 미국 한인 나사렛 소망교회 성가대에 서서 성령이 충만한 찬송으로 콜럼버스를 일깨워 많이 시달린 영혼들을 모이게 해 주셨습니다, 성령이 불꽃처럼 일어나 우렁찬 성도들의 찬송 소리가 멀리멀리 퍼져나가 졸고 있는 미국을 깨우는 데 힘을 보태겠습니다."

"이토록 살려 주신 하나님께 한없는 사랑과 감사를 올립니다. 아멘."

2010년 4월의 봄은 암울했고 사경을 헤매었지만 고통 속에서 더 경고한 다리를 주시려는 주님의 선물이었다. 주님과 동행하니 더 맑은 영혼으로 세상을 이기는 지혜를 주셨다. 더 이상 어떤 욕심도 사라지고 날마다 감사와 환희로 충만해 기쁘기만 하다.

2013. 10. 23. 『기독교수필』

5

설레던 그 시절

설레던 그 시절

내 고향 전주는 조선조(朝鮮祖)의 개국관향(開國官鄕)이다.

전주를 떠난 지 오래되었지만 부모님 슬하에서 자란 어린 시절, 사춘기와 젊은 날은 차곡차곡 고스란히 내 가슴에 담아있어 생각만 해도 늘 들뜨게 한다.

4년 전 아들네 셋이 조기유학으로 캐나다로 떠나고 홀로 남은 내 생일이 다가오면 미국에 있는 막내가 바쁜 중에도 해마다 4박 5일 일정으로 오빠의 빈자리를 엄마와 같이 하려고 귀국했다. 막내는 서울서 나고 자라 미국 유학을 갔기에 전주에 가 볼 기회가 없었지만 이번에는 엄마가 자란 전주를 보고 싶어 전주의 한옥마을 숙소에 이미 예약을 마치고 왔다.

KTX를 타고 카톡에 열중하는 동안 어느새 전주에 도착했다. 전주역은 확장 이전, 전보다 더 거대한 위용을 자랑하며 전통적 한옥 역사(驛舍)가 우리를 맞았다. 고향을 지키고 있는 사촌 동생이 마중을 나와 카 투어(Car Tour)를 하는데 너무도 많이 변해 가늠이 잘 되질 않는 곳도 있었다. 남쪽에 달려오니 풍남문이 더욱 화려하고 장엄한 모습으로 그 자리를 빛내고 있었다.

전주는 후백제의 왕도(王都)로 내려와 고려가 개국되면서 호남지역을 관찰하는 수부가 되었다. 관향 전주의 남문은 중국 유방의 고향 풍패지향이라는 이름에서 따와 풍남문이 되었다. 정유재란도 당하고 동학군이 고창을 지나 풍남문에서 관군을 막고 화약(和約)도 맺었던 곳이다. 보물 제308호로 옛 모습이 복원되어 전주의 명물이 되었다.

풍남문을 지나면 540여 년의 역사를 지닌 남부시장이 나온다. 가장 큰 전통시장인 이곳은 없는 게 없어 어머니와 두툼한 지갑을 들고 갖가지 시장을 봤던 행복했던 시절이 생각나 눈시울이 뜨거워진다. 바로 옆에는 전동 성당이 있다. 호남지역에서 가장 크고 오래된 로마네스크 양식의 건물이다. 색색의 스테인드글라스가 아름답다. 친구랑 기도했듯 막내와 둘이서 간절히 기도를 드렸다.

바로 가까이에 있는 전주 향교는 전국 향교 중 최대 규모를 자랑한다. 전주를 교육도시라 함은 이 향교의 규모와 운영에서 인재를 많이 배출했기 때문일 것이다. 그곳에는 수령 400여 년이 되는 은행나무가 52그루나 있어 수북이 쌓인 노란 은행잎을 밟으며 명륜당 툇마루에서 잠시 쉬기도 했다.

지천에 전주의 명물, 한옥마을이 나온다. 검푸른 기와지붕이

빼곡해 수백 채가 되는 이곳에서 전통 음식을 맛보고 한복을 입고 옛 조선의 마을을 거니는 외국인 젊은이들이 행복을 가득 채우는 곳이다. 우리도 막내가 예약한 한옥마을 숙소를 찾아 짐을 내려놓고 잠시 쉬었다.

담장 안에는 장단에 맞춘 가락에 흥을 더한 장구 소리, 가야금을 뜯는 가락이 이웃집 담을 넘는 명창의 고장이다. 가까이 풍남동에는 우리가 다닌 여학교와 노령산맥 끝자락에 기린봉도 있다.

'기린봉 푸른 줄기 뻗어간 터에/ 역사도 찬란하다 빛나는 전당/ …오목대 우뚝 솟은 배움의 전당/ …그 이름 빛나는 전주여고' 95년의 역사 깊은 호남의 명문으로 각지에서 재원이 모여드는 학교다. 홀로 교가를 불러본다.

학교에서 멀지 않는 기린봉 아래에는 전주천이 맑게 흐른다. 한벽루가 깎아지른 바위 위에 운치를 보이고 오목대 언덕에 올라서면 한옥마을이 시야에 가득 들어와 장관을 이룬다. 오목대는 고려말 이성계가 남원 황산에서 왜군을 물리치고 돌아가던 길에 승전고를 울리며 잔치를 벌인 곳이다. 조선의 순조 헌종 철종 때 시인 묵객들이 전주를 방문해 한벽루에서 밤이 새도록 회포를 풀었던 곳이다. 전주 8경의 꼽히는 한벽루는 조선의 태종 때 최담이 관직을 마치고 낙향 후 세웠다.

한옥마을 앞에는 경기전이 있다. 경사스러운 터에 지은 궁궐에는 태조 이성계의 어진(국보 317호)이 모셔 있고 박물관에는 다른 왕의 어진도 볼 수 있다. 여긴 울창한 대나무 숲이 하늘을 찌르듯 자라 그 그늘에서 사생대회와 백일장을 치른 곳이다.

모악산은 노령산맥 끝자락에 솟아 산에서 발원한 전주천은 맑은 공기와 자연경관을 아름답게 선사한다, 또 유명한 금산사를 품고 있어 발길이 끊어지지 않는다. 초등학교 소풍 때 연두색 반호장 저고리와 자주색 치마를 곱게 입고 갔다가 귀가 시 비를 만나 새 옷이 비에 흠뻑 젖었던 기억도 새롭다.

내 평생 추억은 학창 시절이다. 내내 반장과 전교 회장, 학도호국단 연대장을 했던 그 시절은 유독 바빴다. 전학을 오거나 진도가 떨어진 친구들에게 노트 정리를 해주고 선생님들의 사랑을 무척 많이 받은 대신 심부름 일이 늘 쌓였다. 지방에서 유학 와 기숙사에 있는 친구는 부모님에게 용돈을 좀 올려 달라는 편지를 부탁한다. 어떤 친구는 조숙해서 연애편지를 받고 대필을 부탁하기도 한다. 참 난감한 일이지만 교지에 시를 내기도 했던 탓이다. 모두 성공적으로 답이 오자 "너는 문학을 해야 해" 그들은 그 말로 고마움을 대신했다. 나이 든 키 큰 아이들까지 통솔을 하려면 다 들어줘야 했다.

새벽 통행금지가 해지되면 길을 달리고 달려 교문을 살짝 밀고 들어서면 수백 년 됨직한 느티나무가 새까맣게 먼저 눈에 들어와 무섭다. 나는 도망치듯 뛰어 숙직실을 살금살금 지나 나무계단을 소리 나지 않게 이층을 오르다 창문에 나무 그림자가 흔들려 그만 놀라 뒷걸음치다 굴러 다치기도 했다. 지금은 피아노가 흔하지만 그때는 학교에 강당과 음악실 단 두 대뿐이라 다른 아이가 오기 전 선점하려고 무서움도 참아냈다. 집에 있는 오르간은 성이 차지 않아 그 고생을 했다. 소프트 페달을 밟아 소리를 죽여가며 연습을 하면 해가 뜨자 하나둘 등교한다. 그때는 페달을 풀고 힘껏 연습을 할 때면 그 쾌감이 자긍심으로 지금도 머리가 짜릿하다. Beethoven Sonate 13번은 유독 포르테가 많아 소리를 줄이는 일이 여간 힘들지 않지만 얼마나 신나는 일인지 지금도 그 쾌감이 가슴 뛰게 한다.

4교시가 끝나자마자 점심도 잊고 강당으로 뛰어가 피아노 연습을 하던 일, 가을에는 학예회가 해마다 있어 몇 달을 연습했다. 연극을 주연으로 1인 2역을 해서 시간에 쫓겼다. 단체에는 합창 연습으로 '유랑의 무리' '카르멘의 합창' 등 정말 신나는 연습을 마치고 밤에 귀가를 해도 피곤한 줄 몰랐다. 시험 시절에는 친구들이 같이 공부하자고 몇 명씩 교대로 몰려와 그 뒷바라지를 엄마는 즐겨 해내셨다. 즐거웠던 학창 시절, 호기심이 많은 것도 그때나 지금이나 같고 일인 몇 역을 마다 않고 즐겨 하는 것도 그때나 지금이나 다르지 않다. 언제나 공부하는 것이 제일 재미있는 것도 똑같다. 어쩌면 사서 고생을 자초했어도 늘 행복했다.

친구들과 오르던 다가공원과 연꽃과 연못이 유명한 덕진공원, 연못 입구의 현판 '연지문(蓮池門)'은 강암 송성용의 글씨다. 안에는 간재(艮齋) 전우(田愚 1841년~1922년)의 비석도 있다. 불교의 경허(鏡虛)와 유학의 간재가 있어 간재는 왜정 초 제자가 3000명이나 되었고 강암을 비롯해 손바닥으로 붓을 잡고 글씨를 썼던 악필(握筆)의 창시자 석전 황욱도 한글 서예의 고수 여태명도 있어 전주는 서예와 묵향의 고향이다.

봄이면 유난히 분홍꽃이 흐드러지던 복사골, 여름이면 예뻐진다고 복숭아를 많이 먹을 수 있었던 추억도 어제 같다. 전주 내 고향은 언제라도 갈 수 있지만 내 마음의 고향은 다시 돌아갈 수 없어 내 마음속에 담아둔 그 추억이 진정 내 고향이다. 오늘도 그 생각만 해도 내 가슴은 설레며 뛰고 있다.

2021. 6.『계간문예』 상상탐구

무관심 때문에

세월호 사건은 304명의 귀한 목숨을 수장시킨 어처구니없는 비리와 부패가 부른 예견된 인재(人災)였다. 구석구석 비리의 고리가 철통같이 묶어져 감독 당국의 비호 아래 그들만의 정체가 따로 존재했음을 우리는 너무도 몰랐다. 하늘이 무너지는 아픔 뒤에 숨겨진 비리가 드러나면서 이처럼 엄청난 또 다른 세계에 경악했다. 이제까지 불법행위를 철저히 감독하지 못한 정부 기관의 무책임과 무관심 속에 방치한 사실에 국민들은 더욱 배신감에 떨고 있다.

그 사이 악의 축은 공고히 뻗어나 공권력을 무력화하고, 아직도 10명의 시신을 수습 못한 채 애태우기를 6개월이 넘었는데 이 좁은 땅에 금수원이라는 왕국을 건설하려 했던 유병언 괴수는 결국 처참하게 종말을 고했다.

오래전 방영한 「로베레 장군」이란 영화가 생각난다. 그 영화는 나치에 저항하는 많은 레지스탕스 즉 저항운동자들이 감옥에서 저항하는 장면이 나온다. 그러나 저항운동에는 참가한 일이 없는데도 잘못 잡혀 온 한 사람이 끼어 있었다. 그는 저항운동을 하지 않았기 때문에 사형당하는 것은 억울하다고 소리소리 질렀다.

“나는 저항운동에는 관심도 없고 유대인도 아니다. 장사나 하며 돈이나 벌며 살았다.”라고 항의했다. 이때 저항운동자 한 사람이 조용히 대답했다.

“당신은 아무것도 하지 않았다는 것, 바로 그것이 잘못이다. 당신은 아무것도 하지 않았다는 그것만으로도 죽어 마땅하다. 전쟁이 5년이나 계속되고 수많은 사람들이 무참히 피를 흘리고 많은 도시가 파괴되어 조국과 민족이 멸망 직전에 놓였는데 당신은 도대체 왜 아무 일도 안 했단 말이요?” 그의 말은 점점 격앙되며 그를 꾸짖었다.

하지 않은 죄, 세월호 선장과 선원들은 배와 승객을 버리고 자기들만 도망쳐 나온 그 꼴들이 바로 우리들의 단면을 말하고 있다. 사람이 그토록 사망했는데 도망가기만 급급한 유병언 일당을 성토한다.

올해 6·25는 수많은 사건사고에 묻혀 조용히 지났다. 그러나 우리 민족사에 씻을 수 없는 동족상잔의 엄청난 비극을 결코 잊을 수 없다. 지금도 이산가족의 슬픔이 그대로 있고 헤아릴 수 없는 많은 사상자를 낸 전쟁, 이는 유엔의 회원국이 우리를 위해 죽어가며 싸워 준 덕에 평화를 누리고 산다. 이는 결코 잊어서는 안 되는 전쟁이다. 정전협정이 1953년 7월 27일에 조인되어 61주년이나 되었건만 북한은 지금도 핵으로 위협하는 철없는 김정은이 있다. 서해를 넘나들며 천안함을 침폭 시키고 동해에서는 쉴새 없이 쏘아 올리는 방사포 등 포격을 일삼아 전쟁의 분위기를 몰고 가는 북한이 존재하는 한 끝이 보이지 않는 긴장이 상존하는 현재진행형인데 전쟁 세대가 아닌 우리 학생들은 아득한 남의 이야기처럼 '북침'이니 하면서 6·25의 전쟁의 개념조차 모르는 것은 한심한 일이다. 이는 교육의 부재요, 부모들의 무관심의 소치이기도 하다.

1950년 12월 UN군은 급작스런 중공군의 개입으로 수세에 몰렸다. 미 10군단은 흥남부두까지 밀려나 철수 명령을 받았다. 흥남부두에는 군인뿐 아니라 피란민 10만 명이 몰려 있었다. 당시 통역을 맡았던 현봉학 박사는 에드워드 포니 대령을 찾아가 "피란민을 구해 달라"고 애원했고 포니 대령은 상관인 알몬드 소장을 설득했다. 결국 군함과 화물선 상선 등 총 14척이 미군 10만 명과 피란민 10만 명을 구출했다. 이러한 흥남철수 이야기는 미국 포니 대령과 알몬드 소장의 절박했던 관심으로 전쟁 중에 기적을 이뤘으며 북한에서 피란 온 국민의 생명을 건진 결코 잊을 수 없는 은혜이다.

흥남철수 때 10만 명의 생명을 구한 에드워드 포니 대령의 증손자가 현재 서울대 국제대학원에 재학 중이다. 그는 한국전쟁기념재단 참전용사 후손 장학생으로 선발되어 왔다. 그는 할아버지와 가족이 한국과 맺은 인연으로 동아시아의 문제에 관심이 많아졌다며 외교 안보 분야에서 활약해 한·미동맹과 동아시아의 평화를 위해 일하고 싶다고 말했다.

그러나 포니 씨는 한국인들의 안보의식에 깊은 우려를 나타내기도 했다. 그는 "한반도 정세는 결코 안정적이지 않다"며 "천안함 폭침, 연평도 포격, 핵 실험 등 불안한 상황이 계속되는데 정작 한국인들은 보기보다 무관심하다"고 지적했다. 그는 특히 "젊은이들이 6·25에 대해 잘 모르는 것 같아 많이 아쉽다"고 말했다.

왜 우리는 비참한 우리 역사에 무관심할까. 나태한 우리의 모습이 부끄럽다. 남의 나라 사람들보다 안보의식이 없는 위험한 일은 모두 물질 만능에 취해 무관심한 것일까.

당장 이웃 노인이 사망한 지도 모르고 굶어 죽어도 우리는 너무나 무심하고 무관심했다. 친구가 매 맞아도 피해 가야 하는 현실이 너무 서글프다. 전방 GOP 총기사건도 따져보면 동료를 배려하지 못한 무관심한 환경에서 빚어진 불상사였다.

참으로 세월호 참사를 계기로 겉만 번듯하고 속은 거들나듯 구멍이 숭숭 뚫려 있어 총체적 부실과 취약점이 있음을 통탄하지만 진실로 책임을 지겠다고 나서는 사람이 없다. 나라가 어찌 되건 말건 무관심한 채 실속만 차리고 해외로 자금을 빼돌리고 세월호를 부실 경영한 유병언은 사람답게 사과 한마디 하지 않고 숨어

다니다 처절하게 생을 마감한 최후를 보았다. 마지막까지 무책임했다. 관심은 최소한의 인간의 도리이고 기본적인 사랑이다.

무심한 죄, 무관심한 우리, 언제나 남의 일이라 하여 무심하게 넘겨진 일들이 이렇게 사회악이 될 줄 몰랐다. 모두 우리의 죄임을 깨닫는다.

허탈하기 그지없는 요즘, 이제 이 시대에 모든 국민은 감독의 눈을 부릅뜨고 부패와 비리, 무사안일, 적당주의의 독소를 제거하는데 모든 관심과 역량을 기울여 나만이 아니라 사회와 나라가 바로 서는데 정직한 사명감을 발휘할 때라 여겨진다.

2014. 6.『시사금융』(박지연의 시사파워)

생존전략

은행 광고판에 2020년부터 지점 합병으로 문을 닫는다고 적혀 있다.

20년을 넘게 이용한 은행, 객장에는 아직도 대기 손님이 꽤 많았다. 그러나 우리집 근처 두 지점이 사라지면서 나도 전철을 타거나 많이 걸어야 하는 불편이 생겼다.

그러나 알고 보면 우리만 그런 사정이 아니었다. 스웨덴에서도 집 근처 은행이 없어지면서 현금입출기(ATM)조차 찾기가 어려워 현금이 필요한 고령층은 움직이는 게 부담스러워도 큰 도시로 나가기 위해 기차를 타야 한다.

스웨덴은 얼마 전까지 마이너스 금리에서 제로금리로 오면서 '현금 없는(Cashless) 사회'로 가는 과정이다. 디지털 금융 기술이 발달해 현금을 유통하지 않는다. 제로금리 사회에서는 시중의 돈이 생산적인 경로에 흐르지 않고 대개 지하경제로 흐르기 쉽다.

이러한 지하경제를 양성화하고 자금회전율을 높이기 위해 금융 간 경합하는 핀테크가 발전하고 세계적으로 활성화되어 현금 없는 사회로 가고 있다.

스웨덴은 은행이 대부분 현금을 취급하지 않을 뿐 아니라 상점에서조차 현금 대신 카드 결제나 모바일 송금, 결제 앱으로 받는 가게가 늘어나고 있다. 이러한 새로운 방법에도 젊은이들은 재빠르게 적응해 핀테크를 이용해서 모바일로 비대면 거래를 확장해 나가지만 고령층은 이에 익숙치 못해 불편을 겪고 있다. 또 전자신분증인 뱅크 ID를 97.9%가 사용하지만 저소득층이나 이민자들에게는 어려움이 많다. 스웨덴뿐 아니라 유럽연합 27개국도 은행 지점이 2008년 금융위기 이후 27%(65,000곳)가 사라진 것으로 추정된다.

금융 허브라는 영국, 금융산업이 발달한 그 나라조차 저금리가 장기화되면서 저축하지 않는 젊은이가 늘어나고 금융 당국은 다양한 핀테크 서비스를 설계해 놓고 있지만 글로벌한 영국의 이미지에 비해 국민들은 금융의 변화에도 이해도가 낮다. 스코트랜드의 왕립은행은 매주 버스로 여러 지역을 순회한다. 이는 원래 도시에서 떨어진 곳의 고객을 위해 1946년부터 서비스를 해 왔는데 최근에는 요양원과 장애인 등 사회적 약자를 위한 440여 곳을 순회하며 은행 업무를 하고 있다.

미국은 은퇴자들이 사회성을 그대로 유지하는데 도움을 주려고 건강 등 프로그램이 많다. 여기에 디지털과 금융교육도 추가

시켰다. 요즘 디지털 발달로 비대면 거래를 통한 금융이 급속도로 확산되고 있는데 여기서도 고령층이 제대로 이용하지 못하고 있기 때문이다. 미국은 65세 이상의 80%가 스마트폰을 갖고 있지만 이들 중 14%만이 모바일 뱅킹을 이용한다. 다른 나머지 고객을 위해 미국은행은 교육용 동영상을 만들어 반복 훈련을 적극적으로 시키고 있다. 이는 점점 성행하는 금융사기 등을 막기 위해 상·하원에서 초당적인 지지를 얻어 법을 제정했다. 지방정부도 고령층에게 정보를 제공하는 것을 의무화하는 등 적극적으로 지원하고 있다.

우리나라도 디지털시대가 되면서 비대면으로 금융 업무를 얼마든지 수행할 수 있는 효율적인 세상이 되었다. 우리 젊은이들도 모바일로 환전을 하고 한도 조회를 하며 대출 신청을 하면 우대금리도 받는 혜택이 있어 한눈에 웬만한 거래를 다 한다.

은행도 경쟁이 심하다. 카카오 뱅크가 있고 카카오 페이도 출현하며 어떻게 고객에게 우대를 줄 것인가 고심한다. 인터넷 전문은행은 이미 영업점도 없이 모바일 뱅킹으로 등록, 고객유치를 위해 새롭고 편리하며 고객이 선호할 앱을 만들어 내는 게 경쟁적으로 현실화되었다. 거기에 은행도 생존전략으로 인공지능(AI) 기술까지 활용하는 데까지 왔고 종전의 현금입출금 기기에 기능을 더한 '만능 ATM'의 설치도 하지만 보급은 충분치 않다.

아마존은 결제부터 발송까지 '원 클릭'으로 끝낸다. 아마존 페이를 통해 지불과 대출 서비스인 은행의 기능까지 하고 있다. 알리바바도 결제 앱을 보유해 모든 생활 서비스를 확대하고 있다. 기존 은행 업무가 은행 간판 없이 가능하다. 이용자들은 모든 절차가 쉽고 편하며 빠른데 따로 시간을 내 은행에서 대기할 필요가 없다. 아마존이나 알리바바는 벌써 국경 없이 전 세계인이 이용하는 글로벌 결제체제가 되었다. 디지털 기술로 생존전략에 승리한 그들이 한참 멀리 달아 난 금융의 변화가 놀랍다.

다만 따라가지 못하는 정보화 약자 고령층이 문제다. 그들도 생존전략이 필요하다. 회고해 보면 김대중 대통령 정부 1997년 IMF의 어려운 시기에도 IT에 눈을 뜬 정부는 학생 주부 할 것 없이 모든 국민이 무료로 어디서나 컴퓨터 교육을 받도록 했다. 나도 좀 서툴렀을 때 KT 큰 강당에서 수강을 했다. 이해가 되지 않아 따라가기 힘들 때 옆 대학생에게 도움을 받아가며 진도를 쫓아갔다. 나도 그 덕에 지금까지 불편 없이 사는 것을 감사한다.

금융뿐 아니라 나날이 늘어나는 키오스크 매장에서 기계 주문에 어려움을 호소하고 식당 테이블에 설치된 태블릿 메뉴판 오더 시스템도 노인들은 어리둥절한다. 관리자가 없는 최첨단 전자동 주차장에서 고역스러운 경우도 많다. 지나는 버스를 보면 '현금 없는 버스'라는 광고도 본다. 추석 때나 여행 시 코레일은 승차권을 전부 비대면으로 예매한다. 앞으로 '대한민국 초거대 AI 도약'으로 '전 국민 인공지능 일상화' 시대를 약속했는데 이제까지 아날로그로 사회에서 살아온 노인층은 디지털 혁명 시대를 같이 살아야 하는 어려움이 이만저만 아니다. 물론 적응을 잘하는 노인층은 그만한 노력으로 보조를 맞추고 있다. 이 고충을 사회가 같이 지혜를 모아 도와주면서 새로운 생존에 어려움을 겪지 않도록 도와야 한다.

고령사회의 독거노인들은 어디에 물어볼 데가 없다. 날로 발전하는 은행 업무를 스스로 볼 수 없다면 이건 사회적 문제다. 국민이 다 같이 적응해야 하는 것은 이 시대에 같이 사는 사람의 의무이기도 하다. 이에 뒤처지면 불리하고 소외될 수밖에 없다. 더구나 노후를 버틸 자금을 은행에 넣어둔 사람은 금리로 노후자금을 해결하기 어려워지자 이를 타개하기 위해 해외금리연계 파생결합펀드(DLF)나 라임 같은 고위험 펀드에 투자했다가 원금 손실까지 발생하는 일은 없어야 한다. 교묘한 IT 사기꾼들이 난무하는 때에 고난도 금융상품에 투자하는 일이 없도록 건전한 시장을 이해하고 견디며 노후자금을 통째 털어버리는 불행한 일이 발생하지 않도록 어떤 방법으로든지 국가적으로나 지방자치단체라도 관심을 갖고 교육을 시켜야 한다. 자기 책임이라 미루고 방치한다면 이건 너무 잔혹한 사회가 아닌가.

ATM의 글자를 크게 해서 해결할 문제가 아니다. 고령자는 1000만 명에 육박하는데 변화하는 금융환경이 그들에게는 높디높은 산으로 보일 것이다. 그들에게도 최소한의 생존전략이 절실하기 때문이다.

2022. 3.『시사금융』(박지연의 시사파워)

한국인의 체질

"외국 학생들은 노는 것과 공부하는 것을 확실히 하는데 한국 학생들은 그런 구분이 없다"라고 하신 영어 선생님의 말씀이 아직도 뇌리에 남아 있다. 놀지도 않고 공부만 열심히 하는 우리를 보고 하시는 말씀이었다.

우리는 전쟁 속에서 성장했다. 일본의 압제에 침탈당해 거덜난 어려운 땅 위에 나라를 수립하고 2년도 안 되어 남침을 당해 6·25전쟁으로 조국강토는 초토화되어 남아난 게 없었다. 농사까지 3년을 못 지어 우리에겐 가난과 추위뿐이었다.

공공건물도 공장도 학교도 집까지 부서지고 망가져 속수무책이지만 1953년 7월 27일 정전협정으로 총소리만 멈춘 형편에 나라를 세워야 하고 학교도 공장도 가정도 재건해야 했다. 그야말로 여기저기 널린 게 일거리 천지였다.

우리집은 유리창은 깨졌어도 피난에서 돌아와 가족끼리 모여

사는 게 천만다행이었다. 지금은 기성복이 남아돌지만 의류까지 부모님들이 거의 책임지자니 가족 수 많은 어머니들은 쉴 새가 거의 없었다. 어머니는 새벽부터 아버지의 출근을 돕고 우리 남매들의 도시락을 싸느라 분주했다.

나의 학교생활도 바빴다. 우리 집에는 음악을 좋아하는 나를 위해 오르간이 있었지만 성이 차지 않았다. 지금은 피아노가 학용품처럼 집집마다 있지만 그때는 학교에나 비치되었다. 나는 점심시간을 이용해 강당의 피아노에서 연습을 하려고 4교시가 끝나기 무섭게 뛰어가고 점심은 으레 5교시를 마치면 대충 먹었다. 밤늦게까지 공부하느라 잠이 모자란 나는 새벽 통행금지 해제가 되면 어두운 둑길을 달리고 달려 음악실의 피아노를 선점하려고 나무 계단을 살금살금 올라 보니 창에 비친 나뭇가지의 흔들림에 너무나 놀라 무서워 뒷걸음치다 계단에서 굴러 다치기도 했다.

반장인 나는 학급 일도 많고 선생님의 숙제도 있어 늘 바빴다. 학예회 발표에는 연극연습과 합창연습에 뛰어다녔다. 그때는 전쟁 중 피난 갔다 하나둘 학교에 돌아오는 친구들이 많았다. 그 친구들의 진도 때문에 노트 정리도 해줘야 하고 문예반에서 시를 쓴다 하여 부탁도 많았다. 기숙사에 있는 친구들이 고향의 부모님에게 용돈을 더 올려달라는 부탁은 부모님을 감동시키게 써 달라는 부탁도 있고 어떤 친구는 연애편지의 답을 써 달라고 편지를 읽어 주기도 했다. 경험이 없는 나는 아주 난감해 거절하지만 결국에는 이야기를 만들어 지어줄 때는 우습기도 하고 민망한 경우도 많았다. 낮에 학교생활도 남보다 몇 배 눈코 뜰 새가 없는데 거기에 시험 철이 되면 친구들 몇이 교대로 우리 집에서 밤새워 공부하자고 몰려와 잘 시간까지 뺏었다. 어머니는 나의 치닥거리를 늘 기뻐해 주셨지만 7남매 거두느라 고달픈 어머니에게 짐을 더 지워 드렸다.

어른들은 내 손을 보며 부지런하다고 했지만 그게 아니라 일을 많이 만들어 그걸 하느라 평생 한가해 본 적이 없다. 언제나 한 가지에 한두 가지를 더 얹어 하려니 어디 쉴 새가 있었겠는가. 생각하면 사서 고생했지만 언제나 시간이 아까워 쉴 수가 없었다. 돌아가신 어머니는 "사람은 죽으면 마음껏 잘 텐데 살아서 잠잘 시간을 아끼라" 하셨다. 한국전쟁을 치른 어른들은 우리 어머니뿐 아니라 모두가 몸을 아끼지 않고 일하셨다. 다 부서진 나라를 다시 세우고 가정을 일으키자니 24시간 일을 해도 모자라 모두 부지런한 게 체질화되었다. 내 몸을 돌아보지 않고 일을 찾아 일을 했다. 그래서 한강의 기적을 이루었다. 내가 직장에서 월말 정산을 마치고 늦게 귀가해도 꼭 식사를 챙겨주시고 우리가 자기 전 주무시거나 쉬는 모습을 본 적이 없다. 나도 이러한 어머니를 딱 닮았을까. 우리도 놀아 볼 틈이 없다 보니 놀 줄도 몰랐다. 요즘 학생이나 젊은 사람들은 놀면서 아이디어를 얻고 창의적이었다면 그땐 일이 쌓여 있어 놀 수가 없었다. 지금 위기를 몇 번 견디고도 세계 경제 10위권을 유지하는 것도 국민성이 부지런하고 근면한 체질이기 때문에 따라잡은 것이다.

작년 일본 아베의 불화수소 등 첨단소재 3종의 수출규제를 시작한 지 1년이 지났다. 대일 의존도가 94%라 반도체 디스플레이 핵심 소재의 수급 차질이 큰 타격을 입힐 것이라던 부정적 시각으로 우려했지만 오히려 소재 부품 장비 공급처를 다변화하고 국산화가 진행되면서 1년 새 주가가 2배 넘게 오른 반도체 회사가 속출할 정도로 전화위복이 되었다. 우리 경제를 선도할 반도체. 외화를 아끼고 국내 수급의 일면도 잘하고 있지만 아직도 갈 길이 멀고 일본산 핵심 소재를 추가 규제할 가능성이 있다고 예견할 때에 그 회사들이 연구 개발하느라 우리가 잠잘 때 어찌 쉴 새가 있겠는가.

그러나 건강을 위해서는 열심히 일하고 회복을 위해 쉬는 시간을 가져야 한다는 것이 정답이다. 하지만 산 넘어 산이 앞을 가려 나라나 기업도 좀 쉬려 하면 세계 경제가 위기를 맞고 좀 진정하려면 코로나19 같은 질병까지 닥쳐 올해 상반기 내내 쉬기는커녕 잠까지 뺏는다. 세계 어느 나라보다 부지런한 의료진 덕에 코로나19의 대응이 성공적이라 우리를 부러워하고 그 짧은 시간에 진단 키트를 만들어 세계 여러 나라에 공급하는 좋은 일도 해내며 어려운 수출 분야에서도 큰 몫을 한 것도 얼마나 다행인가. 우리의 체질은 뭐라 해도 근면해서 일을 찾아내기 때문에 바닥에서 여기까지 왔다.

경복궁의 핵심 건축은 근정전(勤政殿)이다. '군왕은 정무에 힘쓰라'는 유가(儒家)의 가르침을 따르듯 모두 부지런함을 강조했다. '일찍 일어나는 새가 벌레를 잡는다(The early bird catches the worm)'는 미국 속담처럼 우리 민족은 부지런한 체질이다.

생각하면 나도 한국인의 체질로 태어나 하나님이 주신 시간을 나름대로 아껴 쓰며 부지런히 지내 온 것만으로 스스로 감사한다.

2021.『계간문예』 봄호

공항의 이별

공항은 여행자에게 하늘길을 열어 헤어졌던 사람들이 기쁘게 만나는 곳이지만 때로는 언제나 정든 사람과 이별해야 하는 아쉬움으로 가슴 아픈 눈물을 흘리게 하는 곳이기도 하다.

나는 2009년 9월 10일에 미국 오하이오주의 수도 콜럼버스에 도착했다. 2008년 8월까지 일본 오키나와에서 거주했던 사위가 3년의 임기를 마치고 바로 오하이오주에 정착해 새 둥지를 마련하고 엄마를 손꼽아 기다렸기 때문이다.

한 달의 예정으로 출국했으나 사위와 막내의 집요한 만류에 일정을 변경하고 6개월이란 긴 시간을 같이했다. 오늘은 한국에 돌아오는 날, 공항에서 짐을 부치고 게이트 앞에서 같이 기다리다 티케팅 시간이 다가왔다. 정든 사위와 막내, 귀여운 손녀와 헤어지려니 가슴이 두근거렸다. 우리는 정말 헤어지기 싫어 부둥켜안고 얼마를 울었다.

우리 수민이는 1995년 여름 미국 유학길에 올라 많은 고생 끝에 병원의 한 자리를 잡기까지 그가 감당해야 할 어려운 고비를 잘 헤쳐 나온 막내딸이다. 2003년 가을 버지니아에서 그의 결혼식을 마치고 아빠와 같이 노퍽 공항에서 헤어지던 그때 일이 떠올라 더욱더 슬펐다. 그때 아빠의 병환을 인지하고 좀 더 가까이 있고 싶어 한 막내, 미 공군 조종사인 사위는 영국이나 독일의 임지를 마다하고 오키나와에 오기 위해 2004년부터 뉴멕시코 아칸소 플로리다주 등지에서 특수 비행 훈련을 치열하게 마치고 2005년 10월 오키나와 가데나 캠프에 기착할 예정이었다.

그러나 아빠는 기다려 주지 않고 그들이 오기 전 한 달 앞서 먼저 하늘나라로 떠났기 때문이다. 아빠 가까이하려던 막내의 효심과 꿈은 이루지 못했다. 언제나 부모는 기다려 주지 않는다는 사실을 실감했다.

내가 미국에 도착한 지 얼마 되지 않아 캐나다의 '나이아가라' 투어에 나서 8시간의 운전 끝에 버팔로 힐튼 호텔에서 한밤을 지났다. '나이아가라'의 자연의 웅대한 위용에 감동과 감탄을 연발하며 온 김에 캐나다의 토론토와 런던시에서 몇 밤을 더 지나고 미국에 돌아오는 길에 그들이 공부하던 토레도 주립대학의 기숙사 도서관 스터디하던 과학관도 구경시켜 주었다. 그가 많이 의지하던 한국 가게도 들렀다. 우리 막내가 생면부지의 이곳에서 공부하고 그 어려움을 이긴 곳이라니 가슴이 마구 뛰었다. 바로 조금 떨어진 의과대학에도 들렀다. 드디어 막내는 박사 학위까지 마칠 수 있어 미국의 중심 일터에서 열심히 일하고 있다. 그 사이 한국의 IMF 때문에 많은 유학생들이 귀국할 수밖에 없었지만 우리 막내는 이겨냈다. 이곳에서 많은 날, 멈추고 싶었던 갖가지 고난을 잘도 참아준 막내가 끝없이 대견하고 고마워 드디어 참았던 눈물이 쏟아졌다. 나는 수없이 이 건물을 향해 고맙다고 말했다. 우리 아이를 길러줘 나 대신 허허벌판 같은 이곳에서 싸안아 준 게 너무나 고마워 엎디어 절이라도 하고 싶었다. 미국에 감사의 눈물을 하염없이 흘렸다.

캐나다에서 돌아와 사위와 막내는 할로윈 데이도 같이 하려고 너른 호박밭에 갔다. 오렌지빛 진한 커다란 호박이 가득 누워 있는 밭에서 가족 수대로 4개를 골랐다. 이 행사는 기원전 500년경부터 고대 컬트(Celt)족의 풍습인 삼하인(Samhain) 축제에서 비롯했다. 아이랜드 프랑스 북부 유럽지역에서 성행하던 축제가 미국에 이민 오면서 전해졌다. 현관이나 잔디밭에 무섭게 새긴 호박 등에 불을 켜고 아이들은 오후에 새 드레스를 입고 초콜릿을 얻으러 집집마다 다닌다. 나도 처음 보는 풍습이라 호기심으로 따라 다녔다.

추수감사절에는 미국 전통으로 내려온 칠면조 요리와 내가 알지 못한 많은 요리를 막내는 하루종일 만들고 나도 쿠키를 만드는 데 도왔다. 시댁 부모 형제가 다 같이 모여 감사하는 마음으로 외인을 부딪치며 즐거운 날을 보낸 일도 덧없이 행복했다.

앞산에 눈이 하얗게 내려 그림 같은 이 풍경을 엄마에게 보이고 싶어 막내는 크리스마스도 같이 하자고 했다. 지붕과 잔디밭에 현관과 벽난로 옆에 크리스마스트리의 꽃등들이 반짝반짝 빛난다. 크리스마스 캐럴이 울려 퍼지는 참 아름다운 집들이 모여 있는 피크린톤 마을. 집을 나와 얼마를 달려 백화점에서 선물을 고르던 재미. 오가며 맛보는 미국의 이모저모, 하루걸러 맛보던 콜럼버스의 레스트랑도 어제의 추억이 됐다.

미국 시민이면서도 유럽 중세의 종교 풍속을 그대로 지키고 문명과 발달된 혜택을 거부하고 마차를 몰고 다니며 손수 농사와 가축을 기르는 아미쉬 마을의 사람들. 그들이 지은 채소와 고기로 만든 '독일 아미쉬 레스트랑'의 풍미를 잊을 수 없고 푸른 잔디밭에 아름답게 놓인 그들의 알록달록한 집들도 눈에 선하다. 이 모두 엄마를 위해 쉼 없이 이곳저곳을 택한 막내의 프로그램은 다양했다. 이 사랑의 선물은 나를 늘 감동시켜 모두 많은 작품으로 남았다.

내 평생 보지 못한 곳과 맛보지 못한 좋은 음식을 실컷 경험하게 해준 막내를 떠나야 한다. 나는 더는 손을 놓을 수가 없었다. 사랑하는 사위와 막내 컬리를 떠나기 정말 싫었다. 그러나 콜럼버스 공항에서 국내선 유나이티드를 갈아타야 시카고에 도착한다. 시간이 촉박해 붙든 손을 놓고 울며불며 뒤돌아보며 막내를 떼어 놓고 타랍에 올라야 하는 공항의 이별이 슬펐다.

2010. 1. 『경북신문』

목련(木蓮)이 지던 날

꽃샘추위가 기승을 부릴 무렵이면 목련은 사뿐히 귀한 손님으로 찾아온다.

어느 시인은 목련 꽃잎은 학의 날갯짓이라 읊었고 또 다른 시인은 백목련 속살 같은 손짓으로 그리움을 달래기도 했다. 나의 시편에서 목련은 겨우내 인고의 세월 속에/ 고고한 자태로/ 기품을 갖추고/ 그대 앞에 수줍게/ 피어난 이유를/ 그대는 아시는지/… 다그치며 애타게 호소하기도 했다.

가슴을 부풀게 하던 목련은 꽃샘추위 사라진 어느 날 떨어져 간다. 목련처럼 화려한 친구, 목련꽃 지던 날, 소리 없이 떠났다. 그는 시인이었다. 남편과의 나이 차이가 20여 년이어서인지 아름다운 모습에 제법 큰 체구였지만 아기처럼 귀여움받으며 늘 시상식에서 축사를 하는 남편과 동행하기에 문단에서는 잉꼬부부라 했다. 남편은 대학교 총장이었고 문단의 거목으로 시인이요, 평론가였다.

그와 나는 나이 차이도 있고 한 책상머리에서 같이 공부한 적은 없지만 내 친구들의 친구라 동문으로 알게 되었다. 젊은 날 우리는 아이들을 양육하고 교육을 시키느라 그 친구와는 같은 관심거리가 없었다. 그는 슬하에 아이를 두지 못했기에 늘 남편과 같은 생활권 안에 한정되어 있었다. 그러나 내가 동창회장을 하면서 가까워졌다.

그는 남편 생존 시 설암으로 투병하던 중 그의 남편 곽 박사를 여의고 7~8년을 외롭게 지낸 안쓰럽기 그지없는 친구였다. 곽 박사 생존 시에도 그와 나는 같은 문인이였지만 바빠 오가진 못했다. 그는 공주처럼 지내온 탓인지 외로울 때면 예고 없이 새벽이건 밤에도 전화가 오고 건국대학교를 사이에 그는 구의동에 나는 자양동에서 아주 가까운 거리에 있어 정이 들었다.

"나야, 자네 뭐 하는가. 오늘도 바쁜가. 언제 만나세." "그래, 내가 시간을 내 볼게." 이렇게 그는 동생을 다루듯 아주 단순했다. 1주일이면 서너 번 어떤 때는 전주에 있는 양부례 회장에게 전화를 걸기도 하는 것이 그의 생활 전부였다. 나는 만나자는 시간을 늘 내지 못하고 "다음에, 미안해" 하는 소리만 연발했다. 어떤 때는 그의 시를 전화로 받아 워드를 쳐 문예지에 내주기도 하면 그는 고맙다는 인사를 챙겼다.

"이번 행사만 마치면, 세미나만 끝나면…" 하며 그것도 숙제로 남긴 채 내가 다리를 다쳤다.

정원의 나뭇잎이 다 떨어지고 상록수만 의연히 서 있던 지난 겨울 나뭇가지에 하얀 눈이 꽃처럼 피어날 때 그는 우리 집을 구경하고 싶다고 했다. 지난 12월 그 무렵 나는 다리에 상해를 입고 교회도 사무실도 나가지 못하고 오직 병원만을 왕복하는 일과였다. “몸 좀 아껴, 빨리 나아야지.” “그래, 아프니 서러워, 고마워.” 나는 겨울 동안 두문불출로 글만 쓰면서 외로운 날을 버티며 누구도 만나지 않았다. “눈이 그치고 따뜻한 봄날, 다리만 완치되면 만나. 그때는 우리 정원엔 볼거리가 많거든. 집에 과일도 많아, 경인이에게 맛있는 특별한 주스를 만들어 줄게.” 그는 남편을 보내고 그간 밥을 먹지 못해 미음과 주스 등 유동식으로 목숨을 지탱했다. 그는 천진하며 세상 때라고는 묻지 않은 청순한 사람으로 모임 때는 엘비스 프레슬리의 「러브 미 텐더」를 나와 같이 부르곤 했다.

금년 봄에는 무슨 꽃이 그리 많이 피는지. 키 큰 나무에서도 흰빛, 분홍빛 꽃이 만발했다. 색색의 철쭉은 꽃 바다요, 노란 꽃이 가득하고 낮은 빈자리에는 오렌지빛 양귀비, 하얀 마가렛이 눈웃음을 짓고 보라색의 방울꽃도 신기하다. 키 큰 나무는 연둣빛으로 터널을 이루어 하늘이 보이지 않는 사이사이 빨간 여름 단풍이 타고 있다. 오솔길에는 작은 분수가 내뿜는 상큼함도 물소리를 내며 졸졸 흐르는 전원의 경관과 풍치는 마치 수목원이나 식물원에 온 아름다움이었다. 밤에는 색색의 조명으로 정원은 환상적이라 밤이 더 아름답다.

A동의 피트니스 센터를 오가며 "경인이 미안해. 이 꽃들을 보이고 싶었어, 미안해. 미안해." 주문처럼 매일 외우며 눈물을 글썽인다. 글 한 편 안 쓰면 어때? 늘 바쁘기만 해서 그냥 보낸 거지. 그를 왜 챙기지 못했단 말인가. 사람을 떠나보내고야 후회하는지. 동병상련(同病相憐)의 외로움을 왜 달래지 못했는지. 또 죄인이 되었다. 나는 몸도 마음도 아파 아무 생각을 못했다.

다리가 회복해 갈 무렵 문득 경인이 떠오르고 그제야 전화가 상당 기간 뜸했던 생각이 났다. 친구들에게 수소문했지만 알 길이 없었다. 애태워도 속수무책이었다. 내가 치료하는 사이 그는 아무 소식도 없이 떠났다.

피트니트 센터에서 확 트인 창 너머 꽃들의 합창이 들릴 봄날, 나는 운동을 하며 가슴이 뭉클했다. 어느 선생님은 지난날 홀로 된 내가 밤새 무서움에 떠는 나의 안부를 묻기 위해 하나 더 하고픈 운동의 유혹을 떨치고 위로의 시간을 냈던 그 어려운 고비 고비를 넘기셨다. 금쪽같은 촌분(寸分)을 내어 나락에 떨어진 나를 아침 햇살 눈부신 광장으로 인도하셨다. 그 고귀한 고마움이 평생토록 잊을 수 없는 은혜가 되어 워킹을 하면서 눈물이 하염없이 흐른다. 한 사람을 챙기는 일이 그리 위대한 것을, 나는 경인이를 위해 왜 못 했을까.

하늘에서 부르면 때에 상관없이 하던 일을 멈추고 떠나야 하는 게 인간의 한계다. 나를 위해 누구도 기다려 주지 않는다. 보고 싶으면 무리해서라도 만나야 하고 시간을 희생해야 한다. 현실에 성실하려고 미루었다가는 언젠가 후회한다. 다리를 절더라도 시간이 없으면 밤이라도 만나야 했다.

지난해는 생각이 깊어 땅만 주시해 파란 하늘도 제철의 꽃의 향연도 보지 못했다. 신경인을 그리워하며 모든 경치가 이제야 눈에 들어온다. "경인이 미안해, 용서해 줘." 눈물을 적시며 걷고 있다. 살아 있을 때 잘할걸. 보고픈 경인이 미안해, 미안해….

2024.『수필문학』 3월호.

자신을 상실한 시대

사람들은 '나는 누구인가. 어떻게 살 것인가.' 하는 질문 속에서 평생을 산다고 해도 과언이 아니다. 삶과 죽음이 공존하지만 우리 인생은 마침표가 없다며 삶만을 강조하고 있다.

그러나 '죽음을 알아야 삶의 방향을 세울 수 있다'면서 일본에서는 고교생들에게 '죽음교육'을 가르치려 할 때 학부모들의 항의가 빗발쳤다. 그럼에도 수강생들이 늘어나 필수과목이 되었다. 미국에서도 공립 초중고에서 이런 과목을 가르친 지 20년이 훨씬 넘었다. 우리는 한 세기쯤 늦었다고 하지만 서울의 한 복지관에서도 얼마 전 '죽음 준비학교'를 열었다. 그러나 죽음을 바로 앞둔 노인들에게 이런 교육을 가르치는 것은 너무 늦다는 생각이 든다.

결국 산다는 것은 죽음에 이를 때 부끄럽지 않도록 사는 것이다. 사는 동안 망가지면 남은 삶을 어찌할지. 잘 살아야 함을 평생 숙제처럼 가슴에 안고 살아야 할 것 같다.

봄날이 어찌 갔는지, 세월호 침통 속에 여름조차 어떻게 보냈는지. 그래도 가을은 어김없이 찾아왔다. 도심을 벗어나 조금만 나가면 시골길에 울긋불긋 코스모스가 하늘거리고 들에는 곡식들이 고개를 숙이며 익어간다. 덥지 않은 청명한 가을 하늘 아래 아무 욕심 없는 자연의 순응과 순수의 파노라마를 본다. 한해살이를 성찰하고 마지막 남은 기간에 어떻게 결실을 이뤄야 할지 자문자답을 해 본다. 이 평화로운 가을의 정취가 천근처럼 무겁고 처져가는 우리 마음을 사로잡는다.

이러한 자연과는 아랑곳하지 않고 최근 그토록 선망하던 유명인들의 망신스러운 행보를 보면 정말 눈을 감고 싶다. 죄인을 다루는 법조의 검판사들까지 상식을 벗어난 일들이 쉼 없이 계속된다. 그들 때문에 품위마저 무너지고 있다. 그 사건들은 그 누구도 아닌 자기 스스로 자기를 난장판에 내던진 꼴이다. 그의 정신이 병들어 제주도 검찰 수장의 엄청난 추락은 너무나 어처구니없어 지켜봐야 했다.

손자병법을 쓴 손자는 장수의 중요성을 강조했다. '천군 천마는 쉽게 얻을 수 있지만 한 명의 장수를 구하기는 쉽지 않다'라는 말을 강조했다. '장수는 나라의 대들보이자 기둥이다. 기둥이 실하면 나라도 반드시 강해질 것이요, 기둥이 삭으면 나라 또한 약해질 것이다.'라고 했다. 아무리 세월이 흘렀어도 고금을 막론하고 장수의 능력과 자질이 군대 전투력의 가장 중요한 요소임은 이의가 없는 사실이다.

요즘 군의 구타 사건이 살상으로 이어지고 군은 자숙하고 개혁해야 할 중차대한 시점에 와 있다. 정치마저 실종된 이 난국에 국민은 마음 둘 곳이 없고 피로에 싸였다. 이런 와중에 장수의 술 취한 것을 일탈로 보기에는 너무나 분통 터지는 일이다. 이때가 어느 때인데 장수가 술에 만취해 군화 한 짝을 벗은 채 헌병에게 업히어 고속도로 화장실 출입을 하는 꼴사나운 모습을 국민이 보아야 하는지. 너무 놀라 도저히 용서할 수 없다. 장수의 기강이 땅에 추락했음을 보여준 사건이다.

장수 한 명을 탄생하기 위해 기나긴 세월 동안 자기의 노력과 긴장과 수고는 물론 국가의 막대한 공은 어디 가고 그 추락한 모습을 보일 수 있단 말인가. 이런 장수가 있어 22사단의 임병장 총기난사 사건을 미연에 방지도 대처도 하지 못하고 아까운 병사들을 희생시켰다. 이는 자신의 몰락뿐 아니라 나라의 재산도 큰 손실을 낸 것은 그 누구도 아닌 자기 스스로의 자제력과 제어장치를 무방비로 방치한 탓이다.

상아탑의 신성과 신뢰는 또 어떤가. 제자를 괴롭히고 시간강사를 갑의 자리에서 성폭행 성추행이 다반사로 노출된다. 미국 학회의 초청을 받아 가는 비행 중에 옆 좌석의 외국 여성을 성추행하다 고발되어 FBI에게 연행되는 사건이다. 개인의 명예는 물론 국격을 떨어뜨리는 이러한 추태를 우리는 왜 보아야 하는지. 그가 쌓은 많은 것들이 하루아침에 낙엽처럼 우수수 떨어지는 것이 너무 아깝고 안타깝다. 지식에 앞서 자제력과 자신의 위치를 망각한 그러한 불상사가 이제 끝이면 좋겠다.

미국 초청 국가 사절로 가서 성추행을 한 청와대 대변인의 추태도 아직 생생한데 50년 60년 쌓은 공은 어디 가고 노추의 사건이 또 터졌다. 세상을 달관할 나이에 너무 부끄럽다. 아름답게 마감해야 할 처지에 그가 살아온 행적이 무색하고 초라한 몰골이 TV 화면에 비추는 것조차 민망하다.

남들이 오르기 힘든 자리까지 오르느라 남보다 더 많은 인내심으로 도달했지만 막상 중요한 시기에 자신을 버리고 잘 살아온 일생에 오점을 찍는다. 이들의 커다란 실수는 겸손과 자제력 부족이다. 수많은 날들을 입신양명을 위해 땀을 흘리며 쌓아 올린 자리다. 그러나 어쩐 일인지 그것을 헌신짝처럼 버리는 시대가 되었다. 무모한 행동으로 제정신 놓고 함부로 처신하다가 망가지고 얼굴을 들 수 없는 일들이 꼬리를 문다. 분수도 모르고 술 취하여 고성을 지르고 싸움을 하고 도무지 체통을 어디다 두고 다니는지 알 수 없는 일이다.

사람들은 건강을 위해 보약을 먹고 산을 오르며 헬스클럽에서 몸을 단련하지만 자제력의 훈련은 미숙해 결국 추락하고 만다. 이들 대부분의 실수는 높은 자리에 올라 인기인이 되면 교만해져 이미지 관리를 소홀히 해 경거망동을 하게 된 것이라고 볼 수 있다.

너무나 얼빠진 사람들이 많다. 자기 처지도 모르고 순간을 참지 못해 사회의 질서를 문란케 하고 세상을 어지럽히고 있다. 우리는 죽을 때까지 자신과의 싸움을 놓지 말아야겠다. 수신(修身)을 날마다 거듭해야 나를 바로 지키는 일이다.

이런 인기인들과 저명인사들이 제자리를 지키지 못하는 이러한 어른들을 보며 자란 아이들이 만원인 전철에서 어른의 눈치나 남의 이목은 본체만체 대담한 행동에 기가 막히는 철부지를 보며 동방의 예의는 멀리 실종된 지 오래되었음이 마음 아프다.

오래 전 일본인이 쓴 「한국, 한국인」이라는 글에서 국민소득은 1만 달러인지 몰라도 의식 수준은 1백 달러에 불과하다고 꼬집었다. 우리가 일본인을 깔보고 무시하지만 그들은 한국인의 의식 수준을 100년 정도쯤 된 격차라고 비평을 했다. 그저 화만 낼 일이 아니다.

남녀 물론하고 실수를 하지 않기 위해서는 이제 얻어맞는 팽이처럼 하루도 쉬지 말고 스스로 채찍질하며 나를 바로 세워 살아야 죽는 날 웃음거리가 되지 않을 것이다.

내가 걸어온 길이 와르르 무너지지 않기 위해 겁이 난다. 잘 살아야 훗날 조용히 잘 죽을 것 같기 때문에 조심스럽다.

2018. 5. 『시사금융』 (박지연의 시사파워)

국민의 선택 지도자의 선택

미인이 많기로 유명한 나라.

미인사관학교를 경영하며 미인을 양성한다. 그곳 생도가 되면 성형은 기본, 체형을 만들기 위해 무용을 하고 메이크업을 배우고 인터뷰를 위해 영어까지 체계적으로 배운다.

미스 월드를 6번, 미스 유니버스를 7차례나 획득한 나라다. 세계 인구의 0.4%에 불과하지만 국제미인대회 수상은 30%나 차지했던 나라, 여성들이 특히 부러워할 만한 여유 만만해 보이는 나라다. 거기에 세계 최대의 석유 매장량 1위를 자랑하는 베네수엘라 이야기이다.

그러나 이제는 이 미인 생도들이 피폐한 조국을 떠나 페루나 칠레 같은 이웃나라에 선녀가 남들이 꺼리는 험한 일을 하거나 막가는 삶을 살고, 남은 자는 쓰레기통을 뒤져야 하는 극빈층으로 전락한 지경에 왔다.

얼마 전 유엔이 베네수엘라 참상을 고발하는 보고서를 냈다. 국민 60%가 배가 고파 자다가 깨어나며 700만 명은 인도적 지원이 없으면 생존의 위협을 받게 되고 수년 사이 국민의 몸무게가 11kg나 줄었다고 하며 지난 5년간 국외로 탈출한 국민이 340만 명에 이른다고 보고되었다.

베네수엘라는 1830년까지만 해도 콜롬비아와 한 나라로 대콜롬비아였으나 두 나라로 분리되었다. 분리할 때만 해도 베네수엘라가 훨씬 부유했다. 3000억 배럴에 달하는 석유 매장량 덕분에 잘 살았다. 분리된 콜롬비아는 고작 24억 배럴이 매장된 상태에서 시작해 큰 차이의 구조 속에서 베네수엘라 1인당 소득은 콜롬비아의 4배가 되었다.

그러나 우고 차베스(1999~2013) 대통령이 되면서 반미 사회주의 경제모델을 채택해 도시 빈민과 농민에게 집과 땅을 나누어주고 무상교육 무상의료 등 무상복지정책을 확대해 나갔다. 차베스에 이어 니콜라스 마두로 대통령도 차베스의 체제를 그대로 이어 나갔다.

베네수엘라는 석유나 광물의 수출에 의존하는 경제체제이다. 국내에 들어온 외국 석유회사들을 강제로 몰수해 국유화하자 외국자본은 모두 떠났다. 고유가로 벌어들인 국부(國富)를 인프라 구축과 산업 전반에 걸친 다각화 산업에 투자하지 않고 고스란히 오직 포퓰리즘에 그 많은 수입을 탕진해 버렸다.

더구나 베네수엘라 석유는 끈적거림 점도가 심해 외국에서 부드러운 원유를 들여와 섞어야만 송유관 운송이 가능하다. 석유뿐 아니라 통신 은행 철강 전기 등 주요 산업을 모두 국유화하여 외국기업도 전문가도 모두 떠나 노후 된 장비들을 교체할 수도 없다. 이 공정도 복잡하고 고난도 글로벌 기술과 자본이 필요하지만 모두 손 놓고 있다.

거기에 외환통제정책으로 생필품을 들여오지 않아 생활이 불편하고 의료진도 탈출해 의료난을 겪고 있다. 국민 90%가 빈민층인데 화폐는 마구 찍어내 170만%의 전대미문의 초인플레이션에 화폐는 이미 그 기능을 잃고 휴지가 되었다.

베네수엘라는 2000년대만 해도 5~18%의 경제성장으로 기록되었다. 그러나 2014년부터 배럴당 100달러 하던 유가가 저유가 시대로 뒤바뀌면서 경제는 급격히 무너져 성장률 -18%를 헤매고 있다.

그러나 주변의 베네수엘라 브라질 등 이웃에서 세차게 불어닥친 좌파의 광풍을 헤치고 콜롬비아 대통령은 2010년 시장 친화적이고 개방적인 경제정책을 꾸준히 추진해 왔다. 2012년에는 멕시코 페루 칠레와 공동체인 '태평양동맹'을 결성했고 2014년에는 외자유치 절차를 간소화해 인프라법을 도입해 세계 각국과 자유무역협정(FTA)을 적극적으로 추진해 외자를 유치하며 우리나라와도 2016년에 FTA를 발효시킨 바 있다. 콜롬비아는 수출 증대와 기업 주도로 일자리를 창출하고 부(富)를 일궈 경제성장을 유지해 왔다. 콜롬비아의 후안 마누엘 산토스 대통령은 2016년 최대반군 세력인 무장혁명군을 설득해 50년간의 내전을 종식 시키는 평화협정에 성공했다.

2018년 6월 18일 세기의 만남이라 하여 미국과 북한의 지도자가 만나는 싱가폴의 산토사(Santosa)섬에 세계의 시선이 요란하게 모일 때 그 무렵 콜럼비아는 조용히 '선진국클럽'에 가입했다. 파리에 있는 경제협력기구(OECD) 본부에서 콜럼비아는 37번째 회원국이 되었다. 중남미에서 멕시코는 1994년에 칠레는 2010년에 콜럼비아는 세 번째 국가가 되었다. 중남미는 많은 나라들이 있지만 경제대국인 아르헨티나와 브라질도 아직 가입을 못하고 경제가 추락해 IMF를 기웃거리는 나라다.

지상낙원처럼 보인 베네수엘라는 분배의 실패로 초빈국이 되었고 그도 부족해 차베스는 중국에서 2007년 425억 달러와 마두로도 2014년 300억 달러의 차관까지 들여와 그걸 갚느라 매일 24만 배럴의 석유를 중국에 제공하고 중국은 석탄과 니켈광산의 채굴도 벌이고 있다. 이처럼 차관과 일대일로 프로그램으로 어려운 나라를 더욱 어렵게 하는 부채외교를 펼치는 중국에 세계의 지탄이 쏟아지고 있다.

지난해 콜롬비아는 대선에서 친시장 주의자인 최연소 41세의 미국 변호사 출신인 이반 두케 후보를 대통령으로 뽑았다. 콜롬비아 국민은 베네수엘라의 전철을 밟지 않기 위해 절박한 심정으로 선택했다. 그간 친시장 정책으로 보여준 경제 부분 성과 덕분이다.

한 나라의 지도자의 선택과 노선이 그 얼마나 준엄한가를 극명하게 보여주는 사례다.

우리는 지도자의 잘못된 허상을 현대사에서 뼈아프게 지켜보고 있다. 국민은 어떤 지도자를 선택하느냐에 나라의 흥망이 확연히 결정된다.

2019. 6.『계간문예』 여름호

한 줄기 햇살

금융산업도 한치의 예측을 불허한다. 결국 부산저축은행은 국내외 정치와 사회적 경제적 환경요인이 경영에 치명타가 되었다. 창업 당시 국제결제은행(BIS) 기준 자기자본비율을 제대로 맞춰 운영을 했지만 바닷물처럼 거세게 밀려오는 부실대출로 은행이 정상 경영을 하기에는 탄력을 잃어버렸다. 그러자 며칠 동안 저축은행은 예금인출 뱅크 런으로 북새통을 이루고 있다.

바로 믿음이 중요하다. '경제는 기대심리에 따라 흔들린다'라고 케인즈는 말했다. 믿음을 잃은 예금자들이 인출을 강행하면서 도미노 현상으로 다른 정상적인 저축은행까지 믿음을 잃어가고 있다. 드디어 대출 실패로 신용이 생명인 은행과 선량한 시민의 눈물겨운 예금까지 위협을 받고 있지만 바로 은행은 마땅히 대출의 책임도 예금자의 권리도 보장해 주어야 한다.

이럴 때 생각나는 사람이 있다. 방글라데시의 무함마드 유누스 박사의 이야기는 언제나 감명 깊다. 방글라데시는 어려운 나라다. 아무리 일을 해도 고리대금의 그늘에서 헤어나지 못하고 그대로 빈곤에 처한 사람들이 많다. 경제학 교수인 유누스 박사는 빈곤하고 취약한 계층의 삶을 어떻게 하면 향상시킬까 하고 고민 끝에 1976년 그라민 은행(Grameen bank)을 설립했다. 어디에도 기댈 수 없는 절박한 사람들을 위해 문턱을 낮추고 무담보, 무보증으로 소규모 생업자금을 대출하기 시작했다.

처음에는 27달러의 적은 액수로 시작해 42명에게 대출해 주었다. 겨우 수레나 살 만한 액수였다. 아이를 홀로 키우는 젊은 엄마는 새끼 젖소 한 마리를 사서 열심히 길러 젖을 짜서 내다 팔아 이자도 갚고 빚도 줄여나가며 살길을 열었다. 또 다른 젊은 남자는 오토바이 한 대를 사서 배달을 다니고 부지런히 일해 빚을 갚아가며 살맛을 찾은 경우도 있고 재봉틀 한 대 살 수 있는 경우도 있다. 채소밭을 일궈 생계에 쓰고 나머지는 팔기도 하고 어떤 이는 작은 꽃집을 경영하며 삶에 꽃을 피워가는 아름다운 이야기가 가득하다.

유누스 총재는 서민들에게 많은 액수를 빌려주지 않는다. 그것은 그들에게 많은 부담으로 실패할 확률이 높다는 것을 고려한 처사다. 이를 계기로 신용 소외자였던 수십만 명이 사회로 다시 진출하여 건전한 삶을 찾았다. 원금 회수율도 98%나 되고 그 자금으로 다시 대출받는 대상자가 늘어나 현재 은행 직원만 해도 1만 8000명에 이르는 대형은행으로 발전했다.

유누스 박사의 도움을 받은 사람들은 불량하거나 악의적으로 돈을 갚지 않으려는 사람은 없다. 모두 하나같이 은혜를 갚기 위해 최선을 다하는 소박하고 착한 사람들이다. 유누스 박사의 도움이 없었다면 그들은 인간으로서의 존엄성을 잃고 실의에 빠졌을 것이다. 이 작은 대출이 그들에게 꿈을 주었고 생명을 이어가게 했다. 유누스 박사는 대출에만 기여한 게 아니다. 그라민 은행에서는 '그라민 폰'을 저렴하게 대여하여 오지의 사람에게도 핸드폰을 장만할 기회를 준다. 또 대출자가 지켜야 할 16계명을 제정해 생활, 건강 위생 등 우리의 새마을 운동처럼 삶의 질을 한 단계 올리는 데도 노력하고 있다.

이러한 훌륭한 소문이 여러 곳에 전해지자 아시아와 아프리카 등 100여 개의 나라에서 벤치마킹을 하게 되었다. 그러자 유엔에서는 2005년을 '미소금융의 해'로 정했다. 이러한 운동이 빈곤퇴치를 위한 효과적인 방안으로 인정되어 그라민 은행과 유누스 박사는 2006년 노벨평화상을 수상하기도 했다.

한편 우리도 미소금융의 모델을 벤치마킹한 '마이크로 크레딧'이 문을 열었다. 햇살론 홀씨 새희망 등 은행과 제2금융권에서 정치권이 서민을 위한 정책에 맞춰진 대출상품이 많이 쏟아지고 있다. 담보가 없어 은행권의 대출 대상도 아니고 사채시장을 기웃거리자니 공포에 가까운 난감한 사람들에게 희소식이 들렸다. 자본은 대기업의 기부금과 은행의 기부로 형성되었다는 미소금융. 신용도가 낮아 어디에서도 돈을 빌릴 수 없는 소외계층에게 무담보 무보증의 소액대출은 한 줄기 빛과 같은 존재로 다가왔다.

한때 미소금융은 창업 운영자금이나 자활자금이 급한 사람에게 인기가 높았다. 하지만 신용등급을 맞춰야 하고 저소득인들은 보유재산이 과다해도 어렵고 보유재산 대비 채무가 과다해도 적격이 아니다. 저신용등급자들은 대개 자영업자가 많다. 그들은 경제위기 때마다 많은 중산층이 빈곤층으로 추락하는 과정에서 가장 민감한 피해를 입었다. 더구나 현재 우리나라는 경제협력개발기구(OECD) 회원국 중 자영업 비중이 2배나 높다. 이 자영업자들이 타격을 가장 많이 받고 결국 문을 닫는다.

이들이 이자의 부담과 상환 능력을 고려하지 않고 급한 대로 겁 없이 대출을 받다 보면 나중에 더 큰 화근이 되기 십상이다. 금융권에서도 용도가 생산성이 있는 곳에 사용했는지 철저히 확인하고 대출해 주어야 성공한다.

미국의 모기지 서브프라임(비우량주택 담보대출)을 생각하게 한다. 1가구 1주택이라는 주택정책의 슬로건은 좋았다. 그러나 글로벌 경제위기로 직장을 잃은 사람들이 상환 능력이 없어 집을 비워두고 홈 리스로 주저앉았다. 이들에게 대출해 준 그 많은 은행들도 파산을 당하고 주택경기는 침체되어 사회적 문제가 되었다. 직장을 잃은 사람들이 미소금융이나 금융권의 햇살론 등을 받아 창업이나 시설투자로 투입되지 않고 '일회성'으로 소진한다면 이것은 또 다른 채무자를 양산하게 될 것이다. 우려스러운 것은

1990년 우루과이라운드로 피해를 본 농민들을 달래기 위해 저금리로 대출해 주었다. 하지만 30조 원에 달하는 방대한 금액이 결국 농가 부채로 남아 자살한 소동까지 일어났던 것을 기억한다면 잘 새겨 볼 필요가 있다.

방글라데시의 그라민 은행의 대출자처럼 신용을 생명으로 지켜야 한다. 그라민 은행도 규모가 방대해지자 초심이 이탈되어 강제적 추심으로 초기의 목적에서 벗어나 결국 실패로 치달았다.

우리도 이 제도가 순조롭게 성공해 사회적 안정망으로써 성공하기 위해서는 초심을 지켜 다 같이 잘 살아 국민통합에도 크게 기여하는 '한 줄기 햇살'이 되기를 기대해 본다.

2011. 2.『월간문학』

박지연 저서

그대의 눈에 비친 달 | 시집

다뉴브 강에 띄워 온 편지 | 에세이

그 눈빛 잡을 수만 있다면 | 시집

당신은 누구십니까 | 시집

1달러의 발견 | 경제에세이

세계인의 조건 | 시사에세이

국제PEN한국본부
창립70주년기념 산문선집 17

내일을 살게 하소서
Give me Tomorrow

발행일 2024년 4월 20일

지은이 박지연

발행인 강병욱
발행처 도서출판 교음사

03147 서울 종로구 삼일대로 457 수운회관 1308호
Tel (02) 737-7081, 739-7879(Fax)
e-mail : gyoeum@daum.net
등록 / 제2007-000052호

* 잘못된 책은 바꿔 드립니다. 값 13,000원

ISBN 978-89-7814-978-5 03810